AF459743

Mes Souvenirs de Couvent

Il a été tiré de cet ouvrage
5 exemplaires sur papier de Hollande.

JACQUELINE LIMOZIN

Mes Souvenirs de Couvent

Préface de M. Jean Bourdeau

Membre de l'Institut.

IMPRIMERIE LAHURE
9, RUE DE FLEURUS, PARIS

1926

AVANT-PROPOS

Ces souvenirs, je les veux recueillir avant qu'ils s'effacent. Plus tard, quand la vie m'aura ôté bien des illusions, je les relirai et j'éprouverai peut-être, en les sentant revivre, une douceur mêlée d'un peu de tristesse de n'avoir pas su mieux apprécier mes années de couvent.

Le récit que vous allez lire n'aura ni beaucoup de suite, ni beaucoup d'ordre. J'écrirai ces souvenirs, sans les arranger, et à mesure qu'ils se présenteront à mon esprit.

A toi, chère Maman, je les dédie.

JACQUELINE.

PRÉFACE

NOUS ne ressentons d'ordinaire qu'une joie imparfaite à évoquer nos souvenirs d'internat, collèges ou lycées, ces tristes geôles de la jeunesse captive : ces cours mornes plantées de maigres arbres, ces murailles grises, ce décor froid et nu, n'ont été pour la plupart d'entre nous qu'un lieu d'exil quitté sans regret.

Gardons-nous de décréter trop vite que toutes les maisons d'éducation ressemblent à des casernes ou à des prisons et que toutes les jeunes pensionnaires font figure de martyres. Certains caractères prompts à s'adapter s'habituent à vivre loin du milieu familial et ne souffrent de nostalgie que par légers accès. D'autres goûtent sans arrière-pensée les charmes d'une vie de travail réglé et de joyeuse détente. Les amitiés de leurs compagnes, le culte voué à certaines de leurs maîtresses, les pieux exercices répondent aux besoins du cœur et de l'imagination.

Parmi ces ferventes du pensionnat brille au premier rang Mademoiselle Jacqueline Limozin, auteur de ces souvenirs de couvent, où elle retrace d'une plume si alerte, si naturelle et si coulante, quelques-uns des épisodes de sa vie de pension. Comme il nous apparaît sous un jour riant, ce petit couvent que domine une colline d'oliviers, non loin de la mer bleue, et où vont et viennent les Mères dont le beau costume violet sous les longs voiles blancs est si tendrement décrit ! Leurs regards doivent se montrer sévères, elles doivent réprimer un sourire, car il faut soumettre à la discipline les turbulences et les espiègleries d'une joyeuse bande : nous gagerions bien que Mademoiselle Jacqueline en fut souvent l'animatrice.

Elle a le don de tourner tout au gai, de saisir les côtés plaisants et pittoresques de cette vie en commun, retracés avec une verve, une mémoire d'une précision étonnante, un esprit et un humour sans causticité, *les révérences à Saint Joseph, la moustache de Clovis,* par exemple, ou encore les petits tableaux de genre finement brossés et parfois poétiques, *la leçon d'histoire sur la colline.*

Nous connaissons, comme si nous les avions fréquentées, la Sœur Marie-Laurent et la Mère Gertrude, toutes ces religieuses si dignes de respect, qui prêchent d'exemple et enseignent aux élèves tout ce qui est beau, noble et bon, la petite Cilette, Gilberte, les sages enfants de Marie, le jardinier et le chien Pataud. Toutes ces peintures reflètent la fraîcheur de l'Avril, le printemps de la vie, la jeunesse aux doux songes, aux suaves pensées.

JEAN BOURDEAU.
Membre de l'Institut.

CHAPITRE PREMIER

Mademoiselle Dare. — Le dortoir. Sœur Marie-Laurent.

Je suis arrivée dans cette petite ville italienne un soir de novembre. C'était mon premier grand voyage sans ma famille, et, quand j'y pense, se présente à mon esprit le souvenir d'un ange tutélaire et réconfortant; cet ange s'appelait Mademoiselle Dare.

Une petite personne toute ronde, un menton rond, des joues rondes, un nez rond, des yeux ronds et pétillants. Elle était profondément bonne et ne manquait pas d'esprit. Je revois le wagon où sa figure oscillait de droite et de gauche avec des mouvements réguliers de balancier; elle sommeillait, ses pieds posés sur son sac, entr'ouvrait un œil aux arrêts, ou bien, subitement réveillée, me racontait avec verve des souvenirs de son enfance, tout entière passée dans un vieux couvent de province.

Pour finir ce portrait, je vous dirai qu'elle était pieuse et avait de la vertu; la meilleure preuve que je puisse vous en donner est de vous apprendre qu'elle était accompagnatrice attitrée des élèves du couvent, et faisait, trois fois par an, le voyage de Paris à B... et réciproquement, avec cinquante enfants à elle seule confiés; pour cela il faut beaucoup de vertu!

Les premiers jours après mon arrivée passèrent comme un rêve. J'avais trop de choses à comprendre et à voir. Les religieuses à la démarche silencieuse me faisaient l'effet de fantômes; je ne connaissais pas encore mes compagnes, elles me paraissaient désespérément semblables avec leurs uniformes bleus à col blanc, leurs mêmes souliers noirs, leur même coiffure. J'appris à distinguer les Mères des Sœurs converses; à faire de profondes révérences, non seulement à la

Chapelle et à la Supérieure quand nous la croisions en chemin, mais à toutes les statues de saints, même les plus petites. Et, en cela, l'on reconnaissait les nouvelles élèves des anciennes. Les premières s'appliquaient à la révérence et la faisaient selon toutes les règles apprises par Notre Mère (nous nommions ainsi la Supérieure). Les secondes, hélas ! vous pouviez les voir esquisser du pied une espèce de *grimace, bondir* en quelque sorte devant la statue, enfin rien qui ressemblât de près ou de loin à une révérence. Le pauvre saint Joseph était particulièrement exposé, étant placé dans le grand vestibule par où les élèves devaient passer pour se rendre dans leurs différentes classes. C'était un spectacle étrange de voir des groupes d'élèves attardées, courant pour rejoindre leurs rangs, passer comme un éclair devant la statue du pauvre saint, sauter par habitude un pied sur l'autre, quelquefois plus loin que la statue. Mais une religieuse veillait-elle, l'impertinente devait aussitôt revenir en arrière et plonger bien bas.

J'appris aussi ce qu'est un dortoir. Le premier soir de mon arrivée, je vis les lits de fer du milieu en longue file serrée et, de chaque côté, les petites cases blanches formées par les lits à rideaux des grandes ; sur toute cette blancheur, la lueur incertaine, tremblotante de la veilleuse, éclairant la petite Vierge en biscuit, et l'ange bleu du bénitier.

Le premier matin, je fis la connaissance de Sœur Marie-Laurent ; les élèves étaient levées et descendues depuis longtemps, j'étais seule dans le grand dortoir quand je la vis : elle m'apporta un bol de lait, et, comme je pleurais dans ma tasse, elle me dit de ne pas donner à boire aux souris, que je m'habituerais vite ; elle me dit aussi être la Sœur converse chargée du grand dortoir, et que j'étais bien heureuse de me trouver dans son dortoir, et non dans celui de Mère Marie-Josèphe, qui était bonne mais sévère.

Je la regardai ; elle était toute petite, elle avait une figure de poupée rose et des yeux de faïence bleue. Elle parlait beaucoup, d'une voix aiguë, appropriée à sa petite personne. La rumeur publique m'apprit par la suite qu'elle avait près de soixante ans, je lui en avais donné vingt-cinq !

Et maintenant, afin que vous ayez une idée du règne de Sœur Marie-Laurent, je vais vous raconter comment se passaient les choses dans son royaume. Les premiers matins après mon arrivée, je m'éveillais à cinq heures au son d'une cloche ; elle tintait interminablement, d'une façon mélancolique et monotone ; c'était, paraît-il, les cent coups pour le lever de la Communauté. Peu après j'entendais un bruit de chapelet, et une religieuse allait entreprendre de réveiller Sœur Marie-Laurent, dont le lit se trouvait tout près de la porte, se distinguant des autres par la hauteur respectable de ses rideaux blancs. Cette opération prenait un certain temps, beaucoup plus, me semblait-il, que la toilette de la Sœur remarquablement vite faite ; le clapotis de l'eau se faisait discret, à peine perceptible.

Tout dormait encore dans le dortoir ; parfois un soupir, un lit qui grince et bouge, faisant trembler toute la rangée ; car ils sont soudés par le haut, les lits des grandes, soudés par leurs prolongements en fer sur lesquels courent les anneaux des rideaux blancs. Et soudain la clarté brutale de l'électricité, un battement de mains fort, impitoyable, et la voix aiguë de la Sœur criant : « Qui est-ce qui dit la prière aujourd'hui ? » Alors une voix semblant venir de très loin balbutie, s'arrêtant par moments, si faible qu'on ne distingue pas les paroles ; cette voix commence : « Mon Dieu, je vous donne mon cœur, prenez-le s'il vous plaît, afin qu'aucune créature ne puisse le prendre ni le posséder que vous seul. » Puis un *Pater* et un *Ave* auxquels répondent des voix encore ensommeillées, confuses et poursuivant, se rattrapant au hasard. Quelquefois il faut attendre très longtemps avant qu'une voix se décide à dire la prière, et, au milieu de l'angoissant silence, c'est la voix de Sœur Marie-Laurent s'élevant en invectives contre notre paresse et notre peu de zèle dans le saint service. Puis la Sœur ordonnait : « Ouvrez vos lits, mettez la toile. » Cette toile protectrice étendue sur le lit servait, à défaut d'autres meubles, de chaises et de table.

L'agitation commençait alors ; c'était un claquement, un glissement de pantoufle ; une troupe de petits peignoirs de toutes couleurs prenait tumultueusement place à l'entrée des lavabos, et cette longue file se continuait souvent jusqu'en haut de l'escalier menant au second étage. Sœur Marie-Laurent s'asseyait à la porte du dortoir pour faire observer le silence ; car parler au dortoir était plus grave que partout ailleurs. Sur ses genoux elle étendait un grand cahier où se trouvaient nos noms inscrits par colonnes, et, chaque fois qu'elle surprenait l'une de nous en conversation, elle traçait un petit bâton à côté de son nom ; trois bâtons constituaient une note de bavardage. En étouffant de longs bâillements, on frappait à la porte pour celles qui restaient trop longtemps ; assises sur l'escalier, quelques élèves ciraient leurs chaussures ; les petites se faisaient aider ; Sœur Marie-Laurent grondait : « Qui est-ce qui parle ? Jeanne, dépêchez-vous, le premier coup va sonner. Comment ! Maggy, vous voulez encore un bouton ? Où a passé ma pelote de fil noir ? A-t-on idée d'avoir des peignoirs avec des manches comme cela ! » Et elle désignait les longues manches des peignoirs japonais.

A six heures vingt, premier coup de cloche, l'agitation était à son comble. Plus que dix minutes avant la messe ! Celles qui se lavaient en robe de chambre étaient déjà prêtes et, couvertes du voile blanc que nous mettions à la Chapelle, leurs gants bleus déjà mis, elles lisaient d'un air sage dans leurs livres de messe, mettant un signet à l'épître ou à l'évangile du jour. Celles qui se lavaient en jupon achevaient de se coiffer ; enfin celles qui se lavaient vraiment — et c'était le petit nombre — n'étaient certes pas prêtes et allaient vider leurs cuvettes sous l'œil réprobateur de notre gardienne. Derrière les portières, les rideaux blancs ondulaient en vagues inquiètes. Quelques élèves assises au pied de leur lit, ou debout au milieu du dortoir pour y voir plus clair, racconmodaient fébrilement un accroc malencontreux ou se tordaient la jambe pour remmailler un bas.

Enfin, au second coup de cloche, les élèves de la première catégorie énoncée plus haut, les toujours exactes si vous préférez, se levaient comme mues par un ressort et prenaient leurs rangs sans hâte et toujours en silence. Les portières s'ouvraient toutes à la fois avec le bruit des anneaux glissant sur les tringles; les élèves du petit dortoir descendaient et venaient se mêler aux autres. Quelques-unes déployaient leurs voiles et donnaient leurs livres à porter. C'était maintenant un tumulte de pas, les uns précipités, les autres crissants. Mère Marie-Josèphe donnait le signal en frappant dans ses mains, et les voiles blancs descendaient l'escalier bien en ordre les uns derrière les autres, pendant que Sœur Marie-Laurent, en attendant sa remplaçante, ouvrait les volets du dortoir et surveillait le second lever. Souvent les élèves étaient déjà descendues et il ne restait dans le dortoir que les petites qui n'allaient pas à la messe, lorsqu'un rideau s'ouvrait avec fracas : une élève surgissait, son nœud de travers, agrafant sa jupe tout en marchant, ses livres et son voile sous son menton, ses gants entre ses dents. Elle n'échappait pas à Sœur Marie-Laurent qui, agenouillée devant un tiroir, rangeait ou cherchait un missel ; son chapelet en bois d'olivier faisait une tache brune sur le carrelage et elle semblait tout absorbée ; mais quand la retardataire passait à côté d'elle, elle ne manquait jamais de lui crier : « N'est-ce pas honteux de ne pas avoir assez de trois quarts d'heure pour s'occuper de son corps ! »

La cérémonie du soir était plus rapide ; en un quart d'heure il fallait être au lit, l'on se déshabillait sous sa chemise de nuit dont on laissait flotter les manches. Après c'était la ronde de la Sœur ; silencieuse, elle se glissait entre les lits et marchait lentement autour du dortoir ; j'entendais le bruit de son chapelet se rapprocher et s'éloigner ; à la lueur de la veilleuse, je voyais l'ombre de son voile se profiler sur la blancheur des rideaux, et parfois j'entendais la clochette appeler, d'en bas, les religieuses à l'office du soir.

CHAPITRE II

Madame Gertrude-de-Jésus et la grande classe.

Je me rappelle notre classe comme une petite salle égayée par la clarté de ses murs et de ses trois fenêtres où entrait généreusement et toujours la lumière. Une perspective de jardins et de maisons blanches, au loin l'infini de la mer. Des rangées de pupitres bruns, nets et propres à l'extérieur; car à l'intérieur ils étaient de trois sortes : sérieux, frivoles ou désordonnés, et révélaient la nature de leurs propriétaires. Quelques-uns étaient garnis de photographies de famille, dans des cadres de mosaïque entourés de petits pots de fleurs artificielles; d'autres avaient sous leurs couvercles des devises écrites sur des carrés de parchemin; d'autres enfin ne fermaient pas, grâce au débordement de choses inutiles et entassées qu'ils contenaient.

A côté de la chaire, sur une petite cheminée de marbre, un enfant Jésus vous regardait en penchant la tête et vous tendait ses bras de cire. Sur les murs peints d'un vert clair, un crucifix en bois d'olivier et le portrait de Sa Sainteté Pie X constituaient, avec la mappemonde et les cartes de géographie, les seuls ornements de notre classe. Tel était le domaine où vivaient presque continuellement, sous la férule de Mère Gertrude-de-Jésus, ses trente-cinq élèves de cinq divisions différentes et d'âge variant entre treize et dix-huit ans.

C'est dans cette classe qu'avaient lieu les compositions, et c'est là que je me souviens d'avoir perdu mon prix de style, le seul que je pouvais espérer. Pour décider du prix entre une élève et moi, dont les devoirs pendant le trimestre avaient obtenu la même note, on nous avait donné un devoir de style supplémentaire : il fallait écrire à un évêque pour lui demander de faire bâtir une chapelle. Cela ne me disait rien du tout, je n'avais jamais écrit quelque chose de semblable et la formule de la fin me tracassait beaucoup. Enfin, après une heure de tâtonnements, je crus l'avoir trouvée, et même, en l'écrivant, elle me parut magnifique. J'attendis donc avec confiance le résultat, et fus stupéfaite d'apprendre que c'était Jeannette, ma concurrente, qui avait le prix. — « Comment était votre formule de la fin? » lui demandai-je. — « Je suis, Monseigneur, de Votre Grandeur, la très humble servante. » Et je suis sûre que c'est juste, ajouta-t-elle, je l'ai vu dans un manuel. — Moi, je n'ai rien vu du tout, répliquai-je; mais j'ai bien cherché et j'ai mis : « Je me roule à vos pieds, Monseigneur, dans une profonde humilité et demeure votre très dévouée servante. »

Quand nous parlions des religieuses, sans nous adresser directement à elles, nous les appelions « Madame » en ajoutant leur nom de religion; Mère Gertrude-de-Jésus devenait donc « Madame Gertrude-de-Jésus » ou plus simplement « Madame Gertrude ». Eh bien! Madame Gertrude avait la réputation d'être d'une sévérité incroyable. Pourquoi? A si peu de chose souvent tient une réputation. Enfants ignorantes et cruelles parfois, nous nous basions beaucoup sur l'extérieur. Et il est vrai qu'à la voir nous n'éprouvions aucun besoin d'expansion. Elle pouvait bien avoir soixante ans; son visage froid avait des yeux enfoncés dans l'orbite et toujours abrités par des lunettes, des yeux distants, glacés, qui vous saisissaient, fouillaient votre âme, pénétraient vos pensées et vous laissaient enfin avec une irrésistible envie de vous faire toute petite, invisible, même si vous pensiez avoir la conscience tranquille. Pourtant je ne l'ai jamais vue traiter durement ou injustement une élève; elle ne nous dorlotait pas, certes, mais elle était juste. J'ai découvert plus tard qu'elle était extrêmement bonne et souffrait des sentiments de frayeur qu'elle inspirait parfois aux élèves.

Cette digression était nécessaire pour vous faire comprendre la frayeur que j'ai eue une fois. Le soir, avant d'aller au dortoir, nous faisions la prière en classe; l'électricité était éteinte, Madame Gertrude allumait les bougies bleues et roses qui entouraient l'enfant Jésus; une élève agenouillée tout auprès lisait dans son missel la prière du soir. Les autres, aux places habituelles, avaient sur leurs pupitres leurs voiles bien pliés pour la messe du lendemain. Dans la classe silencieuse et recueillie, nous nous examinions sur les fautes commises dans la journée envers Dieu, le prochain et nous-mêmes. Durant cette prière en commun, nous nous sentions unies comme une grande famille, et le témoin de nos petits travaux et de nos petites peines, l'enfant Jésus de cire à peine éclairé par les fragiles bougies, nous en semblait bien le protecteur et l'ami. La prière finie, nous défilions toutes devant Madame Gertrude qui se tenait à la porte de la classe; nous lui présentions notre front en baissant les yeux et en murmurant bien bas « Bonsoir, ma Mère »; elle y traçait alors avec son pouce un signe de croix, et son regard adouci se posait sur nous. Il s'est posé sur moi un soir, mais pas adouci je vous assure. C'était un soir d'orage. Madame Gertrude, souffrante, n'était pas venue pour la prière et, par un extraordinaire concours de circonstances, nous nous trouvions seules un instant. Le malin esprit me souffla une idée; je résistai; hélas! cette idée devint bientôt insupportable, irrésistible, se réalisa en acte. Je m'installai à la porte de la classe, et aux premières élèves qui me tombèrent sous la main je distribuai généreusement des signes de croix et des « Bonsoir, mon enfant ». Soudain la sensation obscure d'une présence derrière moi me fit tourner la tête; je ne vis qu'une chose, les yeux de Madame Gertrude, ou plutôt son regard fixé sur le mien. Quel regard, mon Dieu! Dussé-je vivre plusieurs siècles, je ne l'oublierai jamais, ni la voix glaciale qui me dit : « Retournez à votre place, mon enfant. » Et quand vint mon tour, elle fit le signe de croix comme de coutume, et en un souffle je dus prononcer « Bonsoir, ma Mère. » Ce fut tout, mais je ne l'ai jamais oublié.

CHAPITRE III

Cilette

Assise au premier rang, sous l'œil de Madame Marie-Prisca, Mademoiselle Cécile, surnommée Cilette, trace péniblement sur un cahier maculé des tortillons et des arabesques. Elle est enveloppée de la tête aux pieds dans un tablier noir où les taches d'encre font des reflets verts et ses cheveux blonds, qui tombent en baguettes sur ses épaules, paraissent encore plus blonds.

Fatigués du difficile labeur, ses yeux bleus lavés fixent avec intérêt les gobe-mouches de la suspension. Autour d'elle, la petite classe bourdonne : « Charlemagne... Pépin le Bref... l'adjectif est un mot... » Un coup sec sur la chaire : « Qui apprend tout haut ? »

Les encriers des pupitres attirent Cilette, elle promène son doigt autour pour les nettoyer. Mais l'on vient remplacer Madame Marie-Prisca à l'étude. Cilette en profite ; son pupitre est le premier, tout près de la porte, elle disparaît à quatre pattes et, personne ne l'a remarquée, elle est si petite !

Une heure après, Madame Marie-Prisca, maîtresse de la petite classe, sort de la chapelle, marchant péniblement et appuyée sur le bâton qui ne la quitte jamais. Au premier, elle croise Mère Marie-Magdeleine agitée. « Cilette est introuvable, sœur Prisca. » Sœur Prisca monte à la lingerie. Au milieu des immenses armoires, la petite figure poupine de Sœur Marie-Laurent émerge d'une pile de draps. De la porte, Mère Marie-Prisca interroge : « Cilette n'est pas avec vous ? — Comment, comment, qu'en ferais-je, grand Dieu ! Je suis en retard, toutes les cases d'élèves à ranger, il me manque des serviettes, je n'ai pas encore fait oraison, pensez ! » Et Sœur Marie-Laurent, rouge dans la blancheur du linge, gesticule, appuie son échelle contre les armoires, monte, descend, range, et ne cesse de se lamenter sur la disparition de ses serviettes. Sœur Marie-Prisca bat en retraite ; dans le calme des grands corridors elle appelle doucement : « Cilette ! Cilette ! » ; elle redescend et va frapper au bureau de Notre Mère pour lui demander d'envoyer une Sœur chercher Cilette au jardin.

Le bureau de Notre Mère est au nord, il est sombre, mais Notre Mère est si belle et si bonne qu'elle rayonne sur toute chose ; elle est Romaine et a de sa race le visage pur et noble ; son seul regard semble avoir la vertu de vous rendre meilleure.

Dans ce petit bureau triste, Notre Mère travaille ; mais Madame Marie-Prisca est entrée et elle a vu sous le bureau comme deux taches noires ; elle se penche, et ces taches noires prennent bien l'apparence de petites bottines d'enfant. De petites bottines très sales même, et où il manquerait presque tous les boutons. Notre Mère sourit : « Vous m'excuserez, Sœur Marie-Prisca, je voulais justement aller vous dire que Cilette était chez moi ; je n'ai pas eu le courage de la renvoyer. » Oui, mais ce que Notre Mère n'a pas vu, c'est que Cilette est en train de ronger le *Règlement de la Communauté*, elle s'attaque avec acharnement à « notre sainte Règle ». Que voulez-vous, elle n'a pas cinq ans !

Attirée dans son instinct de petit enfant par la bonté, son moindre méfait n'est pas d'aller se réfugier sous le bureau de Notre Mère. Cilette avait été mise au couvent par une impérieuse nécessité : elle était d'une famille de dix enfants et battait sa sœur plus jeune qu'elle. Il fallait songer à discipliner ce caractère ; elle fut amenée à B... à quatre ans et demi.

Quand elle arriva, il fut entendu qu'elle ne serait la poupée de personne, et défense fut faite aux grandes de la gâter. On lui apprit donc à faire la révérence comme les autres, et à marcher bien en rang. Mais personne ne put empêcher qu'un jour, trottinant derrière les religieuses qui se rendaient en priant à haute voix dans la salle de Communauté, Cilette, sans être vue, ne franchît la clôture et, à un moment de recueillement, se tournant gentiment, ne demandât de sa petite voix innocente à la religieuse la plus proche : « Reboutonne-moi, voulez-vous ? » Elle interrompit pour la même raison le catéchisme du Père Aumônier. Un soir de grand silence au dortoir, elle sortit des lavabos en poussant des cris affreux et en déclarant qu'elle y avait vu le diable. Elle entrait à la Chapelle en tablier et faisait des scènes au réfectoire pour les haricots. Le plus souvent elle s'échappait de classe et errait désœuvrée dans les corridors, tortillant son tablier, reniflante et laissant traîner à terre une poupée en son, au ventre dix fois recousu et sans bras ni jambes.

CHAPITRE IV

Le réfectoire. — Madame Anne-du-Rosaire.

« Il faut manger pour vivre, et non vivre pour manger. » Ce vieil adage était particulièrement familier à Madame Anne qui nous le répétait trois fois par jour : à sept heures et demie, à onze heures et demie et à six heures et demie, lorsque, dans l'immense réfectoire aux deux longues tables de marbre se faisant vis-à-vis, nous attendions debout devant notre bol de café au lait ou notre soupe et que nous les regardions d'un œil trop tendre ou trop impatient. Mais il fallait, d'abord, que la petite classe eût défilé, et la petite classe était toujours en retard ; le bâton de Madame Marie-Prisca frappait les dalles du vestibule, et les petites arrivaient à la débandade ; la porte du réfectoire franchie, elles prenaient leurs rangs deux par deux, devant Madame Anne, saluaient ensemble, et allaient ensuite l'une à droite, l'une à gauche, rejoindre leurs places.

Je me suis longtemps demandé pourquoi Madame Anne était traitée à l'égal de la statue de saint Joseph ; mais une élève m'a suggéré que notre révérence s'adressait non pas à Madame Anne, mais bien plutôt au crucifix placé derrière elle. Ce n'était pas tout, il fallait réciter le *Benedicite* ; une élève était chargée de ce soin pendant une semaine : « Bénissez-nous, mon Dieu, ainsi que la nourriture que nous allons prendre. » Le plus terrible était le signe de croix qui finissait la prière ; Madame Anne n'admettait que les immenses signes de croix, faits posément et avec recueillement. Mais nous avions très faim, et les nôtres étaient généralement abrégés, informes et scandaleusement précipités : « Mes enfants, disait Madame Anne, — et sa voix résonnait dans la salle, — vous n'avez d'autre Dieu que votre estomac ! Recommencez la prière. »

Quand enfin elle était satisfaite, nous avions le droit de nous asseoir, mais nous devions le faire sans bruit, en prenant bien doucement nos tabourets par le milieu. Elle s'asseyait ensuite elle-même entre les deux tables. Ses pieds sur un tabouret, ses mains dans ses manches, immobile comme une statue, ses lèvres seules remuaient, murmurant sans cesse des *Ave* et des *Pater*. Mais ses yeux aigus ne perdaient aucun de nos mouvements ; avec elle, les « trucs » usités habituellement dans les pensionnats étaient impossibles. Croyant voir Madame Anne sommeiller, une élève avait essayé un jour de remplir son gant de lentilles ; mais, immédiatement dévoilée, elle avait dû rester à genoux durant tout le repas. Quelquefois la punition n'était pas immédiate : le lendemain on voyait arriver la coupable à la Chapelle avec sa robe à l'envers ou coiffée d'un bonnet de nuit. Au réfectoire, le silence était de rigueur et nous n'avions le droit de parler que le dimanche et le jeudi soir. Cela s'appelait avoir *Deo gratias*.

Ces jours-là, Madame Anne arrivait au réfectoire avec une sonnette : quand tout le monde était assis, elle prononçait solennellement : « *Deo gratias*. » Aussitôt un bourdonnement qui allait *crescendo* s'élevait dans la salle ; mais quand le bourdonnement devenait tumulte et que les élèves s'interpellaient d'une table à l'autre, Madame Anne agitait sa sonnette, et quand la sonnette avait été agitée trois fois, nous étions de nouveau astreintes au silence.

Petites et grandes voisinaient à table, et cela renouvelait les conversations. J'apprenais l'état d'esprit indulgent ou sévère de Madame Marie-Prisca, et si pendant le Carême son humeur souffrait du jeûne rigoureux que nous soupçonnions avec effroi. Mais les grandes, par un accord tacite, étaient réservées vis-à-vis des petites, et Nathalie, ma voisine de droite, avait beau secouer sa queue de rat, elle ne savait jamais rien des changements d'humeur de Madame Gertrude.

Les grandes avaient quelquefois la surveillance d'une petite. Jugée trop peu raisonnable pour surveiller quelqu'un, c'est sans doute pour cela que l'on m'avait mise en face de Nicole, car vraiment c'était la plus sage petite créature qu'il fût. Naturellement digne malgré ses huit ans, sa dignité s'était encore accrue depuis l'arrivée de Cilette. Elle l'initiait au règlement ; au réfectoire elles entraient toutes deux les premières : Nicole était ronde comme une boule, et brune comme une taupe ; raide dans son petit uniforme, elle marchait tenant Cilette par la main ; arrivée devant Madame Anne, elle fléchissait avec une certaine grâce sa jambe droite derrière sa jambe gauche et forçait Cilette à faire de même ; mais la pauvre petite perdait quelquefois l'équilibre et s'agrippait à Nicole ; la boule blonde et la boule brune tombaient ensemble et roulaient aux pieds de Madame Anne. Ces chutes froissaient la dignité de Nicole ; en attendant d'être servie, elle disparaissait tout entière derrière un immense atlas de géographie. Au contact de ses doigts couverts d'encre, son pain devenait quelquefois violet, mais je n'osais rien lui dire, le sérieux de son regard m'impressionnait. Elle avalait sans broncher les fils de ses haricots en jetant un regard de coin à Cilette qui, haussée sur des missels à quelques pas plus loin, agitait avec désespoir ses baguettes blondes.

Les deux petites Sœurs converses qui nous servaient, Sœur Marie-Limbagna et Sœur Maria-Servanda, avaient le zézayement enfantin des Italiennes ; leurs yeux riaient dans des visages naïfs et doux. Sœur Marie-Limbagna et moi étions grandes amies. Complice de ma gourmandise et sachant que j'appréciais la tourte (sorte de tarte spéciale au couvent et dont le secret de fabrication disparaîtra avec les religieuses de l'Assomption), elle en dissimulait parfois, fort adroitement, un morceau supplémentaire sous le premier. Quand je découvrais la chose, elle me lançait un coup d'œil malicieux, puis disparaissait bien vite, courbée sous le poids d'une énorme soupière.

CHAPITRE V

La troisième Division.
Promenade aux Oliviers.

La Division était une petite famille dans la grande : nous étions six ou sept, pas davantage, et la même religieuse s'occupait de presque toutes les branches. C'est de la troisième Division que j'ai gardé le meilleur souvenir, car nous avions une Mère exquise : Madame Marguerite. Elle détestait de nous gronder, et, quand elle devait le faire, son visage prenait une expression si douloureuse qu'en la regardant nous étions déjà suffisamment punies.

La troisième Division se composait comme suit : Gilberte, le désespoir des religieuses et la joie des élèves. Un poulain échappé, détestant le règlement et bondissant à cette phrase quotidienne : « C'est contre le règlement ! » Pitre achevée, elle n'avait pas sa pareille pour jouer dans les charades le rôle d'un vieux savant ; grande et maigre, les cheveux collés aux tempes, un visage un peu masculin agrémenté de lunettes ; un œil légèrement de travers ajoutait un certain charme à sa physionomie mobile et intelligente. Ensuite Germaine, plus immense encore et plus dégingandée, appelée irrespectueusement par quelques-unes « une tête d'oiseau fichée sur un manche à balai » ; mais travailleuse, d'une sagesse et d'un bon esprit parfaits. Puis Mireille et Jeannette, blondes et jolies ; elles avaient l'une pour l'autre une grande affection. Venait ensuite Irène, une vraie tragédienne incomprise, pleurant avec bruit, travaillant avec rage, sujette à des désespoirs qui émouvaient la classe et le dortoir ; le couvent tout entier était au courant de brouilles et de réconciliations sensationnelles. En somme, haïe ou très aimée, car elle attirait par sa fougue et son enthousiasme, mais éloignait par son dédain, n'acceptant pour amies que des élèves pouvant compter au moins un petit baron dans leur ascendance. Enfin, moi, qui, à toutes, pour mon malheur souvent, préférais Gilberte.

Quand les beaux jours venaient, nous prenions quelquefois notre leçon d'histoire sur une colline d'oliviers située derrière le couvent et où les religieuses pouvaient aller.

La récréation de trois heures et demie finie, dès que nous étions remontées en classe et pendant que les autres divisions se préparaient à aller dans leurs salles respectives, Madame Marguerite apparaissait avec ses livres : Sœur Gertrude, mise au courant, faisait un signe ; alors la troisième Division, échangeant des regards d'intelligence, se précipitait derrière Madame Marguerite. Nous descendions le petit escalier ; arrivées en bas, nous passions devant la Chapelle en respectant l'écriteau *Silence* ; une fois dehors, nous en longions le mur blanc qui bordait la cour de récréation, maintenant déserte et silencieuse. Au fond de la cour, nous ouvrions une autre petite porte, et au delà c'était déjà la campagne. Planté de quelques arbres, un terrain vague que nous contournions, et enfin nos chers oliviers apparaissaient ; ils s'étendaient par centaines, les uns droits et forts, les autres petits et rabougris ; mais tous, avec la mélancolie de leur feuillage argenté et l'harmonie de la terre rouge qui les entourait, me paraissaient beaux et je les aimais.

La montée commençait alors ; le soleil déclinait, l'air était plus frais et notre escalade était un jeu. Nous choisissions une place ombragée, pas trop loin, au pied d'un de nos amis et face à la mer calme et bleue avec la large traînée d'or du soleil couchant. A droite, on devinait l'Estérel, et à gauche la petite chapelle de Saint Ampelio, encadrée de rochers. Nous apercevions quelques villas et le commencement de ces jardins qui descendent jusqu'à la mer. Nous entendions tinter à nos pieds la cloche grêle des Frères et celle au son plus grave des Sœurs de la Miséricorde. Mais il fallait songer à travailler ; nous passions au XIIIe siècle, et les croisades, Godefroy de Bouillon et sa suite héroïque, les chevaliers et leurs nobles coutumes, faisaient leur apparition. Pendant le dernier quart d'heure, Madame Marguerite ouvrait son livre sur la Chevalerie et nous lisait « la veillée d'armes d'un chevalier », d'autres récits encore héroïques ou mystiques. Assises par terre, les coudes aux genoux, nous écoutions ; je laissais souvent errer mes regards autour de moi, et je savourais la paix de l'heure et la grâce de mon paysage préféré.

C'est peut-être à cause de ce décor que le XIIIe siècle est resté pour moi le plus beau siècle de l'histoire ; je n'en voyais ni les abus, ni les tristesses, et il était lié en mon souvenir à ce paysage, à ces leçons reposantes et trop courtes. Oui, car la cloche du couvent laissait parfois le récit inachevé ; sans égards pour nous, elle nous arrachait brutalement au charme austère des manoirs féodaux et des châtelaines en hennins. Nous dégringolions prestement la colline, et lorsque nous entrions en classe, les autres divisions avaient déjà mis leurs voiles pour aller au salut.

Quelquefois le Couvent tout entier, petites et grandes montaient aux oliviers ; plusieurs de nos Mères nous accompagnaient, et nous allions tout en haut, jusqu'à une vieille tour abandonnée. Nous partions dans la chaleur du jour, mais en été, avant les grandes vacances, nous allions aux oliviers avec Notre Mère et nous partions le soir. Alors c'était exquis ; l'heure était d'une beauté incomparable : nous allions par groupes, nous faisions des détours par des sentiers déserts aux flancs de la colline, nous traversions des allées de cyprès, les cyprès s'alliant si bien avec les oliviers et que j'aime presque autant qu'eux ! Arrivées en haut, nous nous réunissions autour de Notre Mère.

Tout ce que nous avions apporté de jaquettes et de châles servait à amollir le siège que nous lui destinions au creux d'un olivier. Près de la vieille tour, nous dominions toute la colline : l'ancien cimetière et ses cyprès, la petite ville presque invisible et muette. Souvent nous chantions ; je me rappelle un vieux livre de cantiques en toile noire ; les matines de Pâques et quelques autres antiennes étaient en écriture neumatique ; à la fin du livre, on pouvait lire : *Chant de l'Assomption.* Mais le vieux livre a été perdu, et je ne me souviens que par bribes de ce chant que nous entonnions parfois, le soir, lorsque nous montions là-haut. Il commençait ainsi :

Au milieu des grands bois pleins d'ombre et de silence,
Se cache un blanc moustier dont je tairai le nom,
Notre-Dame la Vierge au doux pays de France....

Je ne me rappelle plus la suite. Il y avait encore :

Qu'il est doux d'y vivre, qu'il est doux d'y mourir !

La nuit tombait lorsque nous redescendions ; quelques élèves cueillaient des roses sauvages, d'autres avaient leurs tabliers pleins de violettes qui, dans des vases minuscules, servaient à embaumer l'enfant Jésus.

J'ai pensé à nos promenades lorsque je suis allée à San Miniato près de Florence ; tournant le dos à l'Arno et à la coupole de Brunellesco, je me suis assise, les jambes ballantes, sur le rempart du petit cimetière. Pas de grands horizons : une plaine avec quelques oliviers et deux ou trois cyprès se dressant en sentinelles auprès d'une tour crénelée. Mais je serais restée là jusqu'à la nuit, si une voix aiguë ne m'avait fait sursauter, me rappelant en italien que l'on ne pouvait s'asseoir de cette manière dans un cimetière ; je vis une vieille femme arrosant des tombes et je m'aperçus qu'il était fort tard. Maudissant cette vieille qui rompait le charme toujours tendre et mélancolique du souvenir, j'essayai de me faire ouvrir par un moine blanc qui, adossé à des vignes, lisait son bréviaire ; puis, d'humeur distraite, je redescendis vers la place Michel-Angelo.

CHAPITRE VI

Les récréations du soir. — Madame Évangéline.

Nous avions une heure de récréation après le déjeuner, une demi-heure au moment du goûter et une heure le soir après le dîner.

J'aimais les jeux bruyants de la journée, le jeu du drapeau et le *basket ball* d'où nous rentrions rouges, essoufflées, souvent égratignées, parfois même avec des bleus et des bosses. Une élève complaisante étendait son tablier noir contre la vitre devant laquelle nous passions pour aller en classe, et de cette manière nous pouvions nous rendre un peu présentables pour la leçon de couture. Les récréations du soir, en hiver, revêtaient un tout autre caractère ; à sept heures, nous nous rendions directement du réfectoire dans la salle de récréation. C'était une salle basse de plafond, avec trois fenêtres au ras du sol donnant sur le jardin, humide à cause de ses gros pavés de pierre et s'ouvrant sur un corridor sombre où se trouvaient les vestiaires, les cellules de piano, et tout au fond les cuisines et la salle de communauté. L'on avait accès à ce corridor par une porte vitrée qui se trouvait en face de la porte de la Chapelle.

Pour tout ornement, la salle de récréation, qui était également la salle de gymnastique, avait des barres de bois transversales, une échelle, des haltères, dans un coin quelques casiers à musique et, dans l'autre, de vieilles chaises de paille entassées.

C'était dans cette salle qu'immuablement tous les soirs, de sept heures à sept heures et demie, jours de fête compris et sans exception, nous faisions des rondes. Madame Jeanne, une Mère jeune, spirituelle, un peu moqueuse, pleine d'entrain enfin, les dirigeait alternativement avec Madame Marguerite. Mais, malgré cela, les rondes n'étaient pas toujours attrayantes. Jugez-en plutôt : à peine entrées dans la salle, nous formions un cercle et nous récitions la prière. Le signal donné, des groupes se formaient et nous bavardions, n'ayant pu communiquer les unes avec les autres depuis une heure de l'après-midi ! Mais c'était « contre le règlement ». Quelques élèves sages et de bon esprit devaient essayer de former immédiatement la ronde, et à cet effet chantaient à tue-tête en fendant les groupes : « *Allons vite au jeu, — Et commençons la ronde, — Nous en dormirons mieux ; — Si de mélancolie, — Vous vous sentez saisie, — Venez vite ici, — Tous vos soucis, — Seront bientôt finis.* » Alors entraînées, bousculées, nous devions nous mettre à tourner et, même si nous n'en avions pas envie, à chanter de mélancoliques complaintes bretonnes, toujours les mêmes, par exemple :

La pauvre veuve en sa chaumière,
A son petit chantait tout bas....

et cela pendant une demi-heure. Une élève devait choisir et entonner les chants. Lorsque venait mon tour, je choisissais généralement des chants absurdes et entraînants :

La soupe aux choux se fait dans la marmite....

Monsieur Grégoire descendit des cieux....

et autres bêtises.

Malheureusement j'entonnais toujours trop haut ou trop bas, et généralement faux. Lorsque nous commencions toutes à sommeiller et à traîner les pieds, Madame Jeanne, se laissant attendrir, proposait une farandole. Et c'était généralement au moment le plus intéressant de cette farandole que Madame Évangéline faisait son apparition : oui vraiment, une apparition que cette religieuse aux yeux en verre fumé au milieu d'un visage osseux d'une maigreur effrayante, au nez décrivant une courbe majestueuse mais un peu sinistre, enfin ayant dans toute sa personne quelque chose d'étrange.

Nous nous précipitions vers l'amas de vieilles chaises rempaillées, nous offrions la moins percée à Madame Évangéline, nous allions prendre sur le rebord des fenêtres nos ouvrages et, traînant les autres vieilles chaises, nous nous asseyions en rond autour d'elle.

Ce rite devait s'accomplir dans le plus grand silence. Nous nous groupions suivant les sympathies, mais, levant l'index de sa main droite aux doigts longs et noueux, Madame Évangéline faisait observer que les bavardes et les dissipées se donnaient le mot pour voisiner. Aussi, pointant avec ce même index dans la direction des enfants de Marie et de quelques grandes raisonnables, elle leur intimait l'ordre de séparer les moyennes — cette engeance détestable et indisciplinée ! — en un mot, la quatrième et la troisième Division. Elle prononçait ensuite de sa voix un peu caverneuse : « Conversation générale. » Mal notées étaient celles qui se permettaient d'échanger un mot avec leurs voisines sans que Madame Évangéline en fût informée, mal notées celles qui se croisaient les jambes, celles qui se croisaient les bras, trop paresseuses pour travailler à un ouvrage. Madame Évangéline attaquait enfin le sujet de la conversation générale, et c'est en cela que consistait sa déplorable originalité : elle se complaisait dans la *Légende dorée*, chose fort naturelle pour une religieuse ; mais entendons-nous, elle ne se contentait pas de saints et de saintes ordinaires : ceux qui par la charité, l'activité, l'abnégation de leur vie peuvent mériter ce titre, même ceux qui couchaient sur des tessons de bouteilles ou se flagellaient, ne la contentaient pas. Non, il lui fallait absolument des saints à visions, et pour cela je la soupçonnais de puiser souvent hors de la *Légende dorée*, tellement son imagination était fertile en ce genre de matière. Ce n'était que visions célestes ou diaboliques, phénomènes effrayants, âmes du purgatoire, bruits de chaînes, etc. Elle nous démontrait par là les épreuves, les privilèges dont Dieu comble les âmes ferventes, et dans mon for intérieur je priais : « Mon Dieu, même si je deviens une sainte, chose peu probable, épargnez-moi les visions, j'aurais trop peur. »

Un triste soir de janvier, pendant la ronde, les plombs sautèrent ; l'on fut obligé de faire la chasse aux bougeoirs et aux chandelles ; mais, malgré cela, la grande salle était tristement éclairée. Comme d'habitude, à sept heures et demie sonnant, Madame Évangéline fit son entrée, plus étrange encore que de coutume dans cet éclairage funèbre. Gilberte en prenant sa chaise trouva moyen de me glisser : « Elle a sa tête à visions, ce soir. » Les chandelles, en effet, inspirèrent Madame Évangéline ; ce soir-là, ses récits furent plus fantastiques que jamais. J'admirais plusieurs élèves qui écoutaient avec sang-froid des histoires terrifiantes, entre autres celle d'un saint prêtre conversant avec une âme du purgatoire qui lui demande des messes, et cette âme, jusqu'au moment de la bienheureuse délivrance, se promenait devant la porte du saint homme accompagnée d'un bruit de ferraille.

Ce qui va suivre n'est certes pas à l'honneur

de ma bravoure. Tant pis, je me suis promis avant tout d'être véridique, je tiendrai parole.

Pendant ce récit, je cherchais à dissiper le malaise qui me gagnait ; mais le visage de Madame Évangéline était seul éclairé par la faible lumière, et il n'était pas de nature à me rassurer. Mes compagnes, la salle tout entière était enténébrée, et l'on n'entendait d'autres bruits que des craquements de chaises et la voix de la narratrice. Et soudain, quelque chose remua derrière une fenêtre : j'entendis un froissement, que sais-je ! je n'analysai pas. Perdant le peu de raison qui me restait, je bondis de ma chaise en criant : « Un esprit ! » Aussitôt plusieurs cris affreux se firent entendre, c'était une panique : des élèves se précipitèrent vers Madame Évangéline, d'autres vers la porte. Nous étions vertes, paraît-il, et avions les yeux hagards. L'arrivée de Madame Gertrude nous calma.

La pauvre Mère travaillait à la salle de communauté lorsqu'elle entendit ces cris ; elle crut à un malheur, vous pouvez vous imaginer son état d'esprit, et comme elle avait le cœur fragile, ces émotions ne lui valaient certes pas grand'chose. Mise au courant, elle marcha résolument vers la fenêtre, l'ouvrit, et une énorme boule noire sauta dans la salle. C'était Pataud, le chien de garde, la gueule pleine de morceaux de papier et de feuilles mortes. L'esprit découvert fut chassé, et la paix rentra dans nos âmes. Madame Évangéline, furieuse, voulait que Madame Gertrude me mît une note de mauvaise tenue comme cause de tout le désordre. « Il ne manquerait plus que cela ! » murmura Gilberte. Je n'eus pas ma note de mauvaise tenue, et à partir de ce jour les histoires de revenants se firent plus rares ; elles disparurent même complètement dans la suite des temps. Madame Évangéline dut abandonner les âmes trop privilégiées et se contenter des saints ordinaires. A partir de ce jour-là aussi, je vis que Madame Gertrude était plus compréhensive qu'elle n'en avait l'air.

CHAPITRE VII

QUESTIONS D'HYGIÈNE. — LE TUB DE DOROTHY.

Les minuscules cuvettes du dortoir étaient certes insuffisantes pour satisfaire les exigences d'une propreté absolue : une heure, le jeudi après-midi, était spécialement destinée à suppléer aux négligences de la semaine en cette matière, par de consciencieuses ablutions suivies d'un examen. Le jury était généralement composé de Sœur Marie-Laurent et de Madame Marie-Prisca. A cet effet, la leçon de couture n'avait pas lieu, et nous nous rendions au dortoir à deux heures. Une partie de la Communauté était alors mobilisée pour nous frictionner minutieusement le cuir chevelu avec une lotion. Nous devions avoir chacune la nôtre, soigneusement étiquetée. C'était un grand honneur d'être frictionnée par sa Mère préférée, aussi entendait-on de tous côtés des voix suppliantes : « Oh ! ma Mère, venez chez moi, vous m'aviez promis. — Annette, avez-vous remarqué ? voilà trois jeudis de suite que Madame Emmanuel va coiffer Jeanne, et la première encore ! »

Nous disposions, sur la toile de notre lit, la lotion dans une éprouvette à savon, une petite brosse, un peigne, et nous guettions. J'aimais à être coiffée par ma « petite colombe »; c'est ainsi que j'appelais Mère Agnès-Catherine, dont la patience et la douceur aux leçons de piano étaient à toute épreuve. Mais si je voyais venir Sœur Marie-Laurent, je fermais ma portière et commençais mes ablutions, car elle était d'une brusquerie navrante ! Non seulement elle vous faisait souffrir en vous tirant les cheveux, mais elle avait l'art de les aplatir complètement, de les ramener en arrière au moyen d'une natte serrée en vous laissant les oreilles bien visibles; pas un seul cheveu ne lui échappait, et quand elle vous avait suffisamment enlaidie, satisfaite elle déclarait : « Au moins vous êtes bien coiffée aujourd'hui, tous ces frisons ne me disent rien. » Après la coiffure, il fallait faire usage des brocs d'eau chaude, en vue de l'examen. Puis le défilé commençait : revêtues de nos peignoirs, nous devions passer devant Madame Marie-Prisca; c'était d'abord l'inspection du cou, puis la nuque; les élèves à longs cheveux baissaient la tête et les ramenaient devant leur figure; ensuite venaient les oreilles, puis les dents que l'on serrait très fort en faisant une bien vilaine grimace; enfin les mains et les ongles.

Quelquefois une malheureuse élève était arrêtée, examinée longtemps d'un air soupçonneux. Madame Marie-Prisca disait bien haut : « Mais votre cou est très insuffisamment lavé, mon enfant ! Combien de fois par semaine vous en occupez-vous ? » Et quand, derrière les rideaux et de tous côtés, des têtes curieuses apparaissaient, elle achevait tranquillement avec une légère tape d'amitié : « Après tout, je crois que c'est la couleur de votre peau. »

Quand nous rentrions en classe, une insupportable odeur composée de trente sortes de lotions différentes se répandait bientôt. Plusieurs élèves avaient la géniale idée de répandre quelques gouttes de lotion sur leurs mouchoirs en guise de parfum; c'était devenu même si fréquent, que Madame Gertrude avait été obligée d'ajouter à ce sujet un nouvel article au Règlement.

Les pieds étaient l'objet d'un traitement spécial. Sœur Alphonsine, une vraie Alsacienne, entrait en classe à la fin de l'étude, peu avant le dîner, et annonçait : « Pains de bieds ! » Immédiatement les têtes se plongeaient dans les livres, les pupitres étaient ouverts fébrilement, et l'on faisait la sourde oreille. Sœur Alphonsine attendait placidement, les bras le long du corps. Lorsqu'elle voyait le peu de succès de son offre, elle s'adressait à la surveillante d'étude : « Sœur Bierre, il y a drois semaines que Chermaine n'est bas tescentue. » Germaine, travailleuse et de bon esprit, redoutait les ablutions et n'avait jamais le temps de s'y livrer. « J'ai mon devoir de style à terminer, Sœur Alphonsine. — Fotre tevoir de style beut pien attendre, mais fos bieds ne beuvent plus, ça che sais. »

Elle désignait successivement d'autres victimes, et l'exécution avait lieu au sous-sol, à côté des vestiaires en face des cuisines.

Des bancs de bois, des baquets en zinc, un

savon pour trois ou quatre, et « Raclez pien », recommandait Sœur Alphonsine.

Pour le bain, Sœur Alphonsine avait un peu plus de succès; elle venait moins fréquemment, et souvent à l'heure du déjeuner ou du goûter. L'on ne perdait pas d'étude et les studieuses n'avaient pas d'excuses, elles déjeunaient pendant la récréation, voilà tout. Mais les paresseuses, c'était impossible, voyons! manquer une bonne moitié de récréation pour un bain!

La première fois que je suivis Sœur Alphonsine, elle me conseilla de goûter dans mon bain et plaça une planche en travers de la baignoire, puis elle m'enferma en promettant de venir ouvrir dans un quart d'heure!

Au moment de plonger, j'aperçus une sorte de chemise jaune, avec d'innombrables petits cordons, et qui se tenait raide comme la justice sur le dossier d'une chaise. Un des articles du Règlement me revint en mémoire, et je me résignai à enfiler le sac et à en attacher consciencieusement tous les cordons. Mais quand j'entrai dans l'eau, la chemise devint plus lourde qu'une balle de plomb; je n'osai me soulever, ni me laver, craignant que son poids ne me fît perdre l'équilibre. Je restai ainsi piteusement, les mains cramponnées au bord de la baignoire, jusqu'au moment où Sœur Alphonsine vint m'avertir qu'il était l'heure. Je jurai en moi-même de ne plus mettre cette chemise, et au prochain bain j'usai d'un simple et indigne stratagème : j'entrai dans l'eau sans cette carapace et, le bain fini, je la plongeai à son tour et la laissai flotter. Sœur Alphonsine ne pouvait donc rien soupçonner. Mais de cette désobéissance et de cette tricherie j'eus remords, et m'en confessai au père Jérôme le samedi suivant.

Dans le courant de l'année, je fus chargée d'une curieuse tâche à accomplir : une nouvelle élève arriva, elle s'appelait Dorothy et ne savait pas un mot de français. Elle devint ma voisine de dortoir, et comme je parlais un peu l'anglais, je dus lui expliquer les coutumes de la maison. Pauvre Dorothy ! elle était souvent « homesick », alors à travers le rideau elle m'appelait : « Old Jack ! come and confort me. » Hélas, le règlement me l'interdisait, et, à cause de ce silence et de mille autres choses, Dorothy ne pouvait s'habituer au couvent.

Le premier matin après son arrivée, à peine levée, j'entendis un bruit inusité, le rideau qui nous séparait se tacha d'éclaboussures, mes pieds se mouillèrent et j'aperçus sur le carreau rouge des rigoles d'eau s'en allant dans toutes les directions. Chose peu habituelle, c'était le bruit de l'eau que l'on fait couler d'une grande hauteur; il augmenta, et soudain un fracas de vaisselle cassée s'y ajouta. N'y tenant plus, j'écartai le rideau, et je vis Dorothy dans un costume plus que léger; ses pieds trempaient dans les débris de la minuscule cuvette entourée de serviettes-éponges, elle tenait au-dessus de sa tête le pot à eau de poupée et, me voyant, s'exclama tranquillement : « It is not possible to have a tub here, Old Jack! » Mais le pas précipité de Sœur Marie-Laurent, puis son apparition immédiate, ne laissèrent pas à Dorothy le temps de revêtir un costume plus décent. La petite Sœur, rabattant son voile sur son visage, laissa brusquement retomber la portière et, suffoquée d'indignation, elle vint me trouver : « Ne pouviez-vous rien prévoir? » me dit-elle; « je m'en méfie de ces Anglaises, ce sont de vrais canards; c'est inimaginable, cette manie qu'elles ont de vouloir se laver à grande eau chaque jour. Voyons, vous qui êtes raisonnable (je ne savais comment prendre cette phrase, devais-je en être flattée ou offensée?), essayez de l'en déshabituer. »

Et j'eus cette triste tâche en perspective; je

m'en acquittai du mieux que je pus, mais chaque fois que Sœur Alphonsine venait à l'heure du déjeuner annoncer : « Il y a un pain », Dorothy se levait promptement et la suivait avec enthousiasme. Trois quarts d'heure après, une élève était obligée d'aller la chercher, la menaçant de la part de Madame Anne de lui enlever les plats si elle ne descendait immédiatement au réfectoire.

CHAPITRE VIII

REPRÉSENTATIONS THÉATRALES. — LES LUCIOLES.

Au printemps, la fête de Notre Mère donnait lieu à ce que nous appelions pompeusement « une représentation théâtrale ». Toutes les élèves devaient y prendre part. Les répétitions avaient lieu un mois à l'avance, et l'on montait une estrade dans le réfectoire. Des Mères dévouées se chargeaient des costumes, aidées par Olympia, la concierge. Madame Marie-Prisca s'occupait de la déclamation, et Madame Jeanne dirigeait le choix et la confection des costumes, les jeux de scène ;

elle devenait en cette circonstance « chef machiniste ». Des paravents rouges, placés de chaque côté de l'estrade, masquaient les coulisses, et le parloir qui communiquait avec le réfectoire servait de foyer aux acteurs. Le choix de la pièce était chose difficile, car il fallait qu'elle fût : intéressante, aucunement sentimentale, suffisamment longue, dramatique, parfaitement convenable, d'une certaine élévation de sentiments et, de plus, qu'elle exigeât un grand nombre de figurants.

Une année, après maintes hésitations et recherches, il avait été décidé que l'on jouerait *La Bataille de Tolbiac*. Au premier acte, l'on voyait d'abord Clovis, roi barbare, cruel et impie. Au deuxième acte, il se convertissait pendant la bataille de Tolbiac, et au troisième se faisait baptiser par saint Rémy dans la cathédrale de Reims. En une apothéose magnifique, Clovis jurait fidélité au Christ, et tout se terminait par de belles tirades sur le royaume des Francs.

Une ancienne élève, la sœur de Jeannette, devait venir tout exprès de Montpellier pour tenir le rôle de Clovis ; je devais faire saint Rémy.

Les répétitions étaient déjà commencées, les rôles appris, et un jour en classe, à la leçon de couture, j'étais tout occupée à me fabriquer une barbe, lorsque Madame Jeanne me fit demander. Je descendis et la trouvai dans le parloir en grande discussion avec Madame Marie-Prisca : « Jacqueline, mon enfant, approchez, me dit-elle. Mireille ne peut venir faire le rôle de Clovis, et c'est vous qui en serez chargée ; mais n'en concevez aucune fierté, s'empressa-t-elle d'ajouter ; pour tenir le rôle d'un roi barbare, la grâce n'est pas nécessaire, et vous en êtes dépourvue ; il convient à merveille d'être brusque, et vous l'êtes à souhait. Après votre conversion, vous devrez pourtant avoir une certaine noblesse d'attitudes et de gestes que Madame Marie-Prisca s'efforcera de vous inculquer. De plus, — ajouta-t-elle, — le rôle de Clovis est long et il nous reste fort peu de temps, votre mémoire pourra nous servir. Mais, entendez-moi bien, mémoire ne veut pas dire intelligence, bien au contraire. Vous pouvez vous retirer. »

Il ne restait plus que deux semaines avant le jour solennel, et je dus me mettre à étudier mon rôle pendant les récréations. Mais tout alla très mal ; aux répétitions je ne savais que faire de mes bras, de mes mains, Madame Marie-Prisca était mécontente de moi, et pendant que je récitais, son bâton frappait le sol avec impatience. « Vous

« dites : « Tuez cet homme ! » comme vous diriez : « Cette fleur est belle. » Vous savez pourtant vous mettre en colère, et quand on vous le demande vous êtes figée ! Cette autre phrase, vous devriez la rugir : « Tends-moi la coupe, esclave, ou gare « à ma colère ! » Eh bien ! non, vous dites cela du ton avec lequel vous redemanderiez une tasse de thé. »

Alors ce rôle devint pour moi une véritable obsession, je gesticulais en marchant, au réfectoire, au dortoir, partout. Je récitais mon rôle sans cesse, et il m'occasionna d'incroyables distractions.

Madame Évangéline nous faisait lire à haute voix pendant l'heure de la couture. Un jour, une élève lisait le martyre de trois courageux missionnaires dans les Indes ; je cousais ma tunique de baptême, et soudain, oubliant où j'étais, je bondis de ma place et m'écriai avec une ardeur que je n'avais pas aux répétitions : « Ah ! si j'avais été là avec mes Francs ! » Madame Évangéline, scandalisée, me mit une note de mauvaise tenue.

Le jour de la représentation, la matinée se passa à arranger les décors, à faire des retouches aux costumes et à coiffer les acteurs. Le dortoir était dans un désordre inexprimable : les lits couverts d'épées en carton argenté, de tuniques et de boucliers. Le déjeuner, où nous eûmes *Deo gratias*, fut excellent; Madame Anne n'apporta pas de petite sonnette et laissa déborder notre exubérante gaieté. Les acteurs avaient « le trac », mais mangèrent de bon appétit. Au dessert, Madame Jeanne vint annoncer que « Clovis et ses soldats devaient monter immédiatement au dortoir pour coller leurs moustaches ». Tous les tubes de seccotine de la maison et les fusains de la salle de dessin furent employés. J'étais hideuse au possible, et Madame Marie-Prisca déclara que l'irrégularité de traits convenait à merveille. La communauté tout entière assistait à la pièce, plus le Père Jérôme et les quelques personnes que nous avions pu récolter dans B...

Je rugis de mon mieux mes phrases de mort et de malédiction. La bataille de Tolbiac avait lieu dans les coulisses, et Madame Jeanne avait apporté tout ce qu'elle avait pu trouver de chaudrons et de casseroles. Au plus fort de la mêlée, je devais m'écrier, toujours dans les coulisses et environnée d'un feu de bengale dont les reflets éclairaient la scène : « Dieu de Clotilde, sauve-moi, et je me fais chrétien ! » Mais au moment voulu, le feu refusa de fonctionner. « Dois-je crier quand même ? » demandai-je à Madame Jeanne. « Naturellement, et avec le plus de conviction et d'ardeur possible. » Je m'exécutai, et la représentation se serait assez bien passée s'il n'était survenu tout à la fin un incident regrettable. Tout à mon enthousiasme de néophyte, je levai mon épée et jurai qu'elle ne servirait que la bonne cause, quand hélas ! au milieu de la plus belle tirade, j'oubliai la marche de la cathédrale ; m'embarrassant dans les plis de ma tunique blanche, je fis un faux pas et mon nez vint heurter le soulier doré de saint Rémy, consterné. Madame Jeanne baissa précipitamment le rideau, et les acteurs, à tour de rôle, allèrent déposer aux pieds de Notre Mère leurs hommages et leurs vœux. Après une grande consommation de tourtes, il fallut aller au dortoir se déshabiller et mettre son voile pour le salut solennel suivi du chant du *Te Deum*. Mais j'avais compté sans mes moustaches : Étaient-elles plus consciencieusement mises que celles de mes soldats ? Toujours est-il que je ne pus les décoller. La cloche inflexible se fit entendre, je les avais encore. Les élèves descendirent, je restai seule dans le grand dortoir. Sur le lit, le costume blanc des jours de fête et le voile amidonné m'attendaient. Désespérée, je savonnai, tirai, mais ne pus réussir à en enlever qu'une moitié. Serais-je condamnée à aller au salut avec l'autre moitié? Mais Gilberte, remarquant mon absence, avait demandé de venir me chercher : « Gilberte, criai-je, c'est affreux, il y a une moitié de ma moustache qui ne se décolle pas, attendez-moi. » Nos efforts réunis ne purent en venir à bout. J'essayai de rabattre mon voile du mieux que je pus, mais il était trop amidonné. Je simulai alors une rage de dents et tins mon mouchoir devant ma bouche.

Hélas! au *Te Deum*, ma voisine, Ida, une petite futée, s'aperçut de la chose et fut prise d'un tel fou rire que tout le banc en tremblait. Alors d'une secousse désespérée je parvins à arracher ce qui me restait et l'enfouis au plus profond de ma poche.

Le soir, en l'honneur de la fête de Notre Mère, nous avions le droit de rester au jardin jusqu'à dix heures. Nous pouvions causer librement et faire la chasse aux lucioles. Leurs mille petits feux verts brillaient dans la tiède obscurité du jardin. D'où nous étions assises, Germaine et moi, nous les voyions voler autour de nous, nous défier, puis, au moment où nous croyions les saisir, se rendre invisibles, s'évanouir brusquement aux creux des arbres ou chercher un refuge dans les profondeurs de l'herbe.

A la fin de la soirée, nous étions parvenues à en récolter un assez grand nombre que nous avions emprisonnées dans nos mouchoirs, quand l'ordre de les délivrer immédiatement nous fut transmis : Sœur Marie-Laurent ne voulait pas de lucioles dans son royaume.

Lorsque tout fut tranquille au dortoir, j'en sortis deux que j'avais réussi à garder. J'essayai divers effets de lumière, d'abord sous mon verre, puis sous mon voile blanc, ensuite je les libérai.

Elles volèrent longtemps au-dessus des lits, puis finalement par la fenêtre ouverte disparurent dans la nuit.

CHAPITRE IX

LE VENDREDI SOIR. — LES GRANDES CÉRÉMONIES.

Le vendredi soir après la ronde, Madame Évangéline ne faisait pas son entrée habituelle. Au lieu de nos ouvrages, nous prenions nos voiles et allions faire le chemin de croix.

La Chapelle était sombre et déserte, les stalles des Mères étaient vides, parfois dans l'une d'elles une religieuse priait. Je revois encore les petites et les grandes agenouillées pêle-mêle sur les dalles. La plupart d'entre elles voulaient faire comme les religieuses et priaient les bras en croix.

Quelques-unes avaient la force d'accomplir ainsi successivement les treize stations, s'interrompant juste une seconde pour aller de l'une à l'autre. Une élève, devant chaque image, lisait une prière qui se terminait toujours par ces mots : « Gloire soit au Père, au Fils et au Saint-Esprit ! » Alors les bras en croix retombaient pesamment, les ombres blanches s'inclinaient ensemble vers la terre qu'elles baisaient, puis se relevaient pour aller s'agenouiller à nouveau quelques pas plus loin. Les bras s'étendaient encore le plus haut et le plus fermement possible. De chaque côté, au-dessus des stalles, une lampe était allumée ; elle trahissait l'effort de mortification de pauvres bras tendus aux doigts crispés, remuant sans cesse les grains d'un chapelet, et de visages angoissés aux yeux fermés ou fixes.

Quelques bras s'inclinaient parfois si bas qu'ils semblaient retomber le long du corps, et soudain, par un sursaut d'énergie, vous les voyiez se relever bien haut et se tenir tout raides. Les petits poings gantés de bleu qui les terminaient se serraient très fort, mais la souffrance des muscles se devinait dans toute l'attitude.

D'autres élèves, ne se sentant aucunement disposées à se mortifier, prenaient bien soin de s'agenouiller sur le mince tapis qui se trouvait sous les stalles des Sœurs, et, lorsque venait le moment de baiser la terre, elles s'inclinaient avec les autres, mais trichaient honteusement. Le chemin de croix fini, Madame Marguerite éteignait l'une des lampes et plaçait son prie-Dieu devant nos bancs où nous nous mettions pour faire oraison et méditation durant un quart d'heure. Le chœur était noyé d'ombre, et seule vivait, s'agitant faiblement, la petite lueur rouge, la lampe du Saint-Sacrement.

Des élèves prosternées semblaient prier avec ferveur, d'autres assises feuilletaient leurs livres, cherchaient dans leurs cases en bois, sous leurs bancs, les prières de saint Augustin ou la passion de Bourdaloue. Des premiers bancs s'élevait un susurrement d'*Ave*; de temps en temps, Madame Marguerite soulevait son long chapelet en grains d'olives pour vérifier le nombre de dizaines qu'elle avait dites. Mais aucun autre bruit ne venait troubler le silence. Recueillement, union, calme dans la prière, j'aimais ce quart d'heure du vendredi soir. Parfois, dois-je le dire? je sommeillais, ou essayais de deviner d'après la façon de mettre son voile si c'était Jeannette, Mireille ou quelque autre qui se trouvait devant moi. Mais l'atmosphère même où nous nous sentions vivre était une prière, et il ne pouvait y naître que de bonnes pensées.

C'est dans notre petite Chapelle qu'avait lieu, la veille des fêtes principales, ce qu'on appelait au Couvent « les grandes cérémonies ». Au dortoir, ces jours-là, tout n'était que blancheur. Dans notre habillement, les fantaisies raisonnables étaient tolérées en cette circonstance; aussi pouviez-vous voir sur plusieurs lits des robes en dentelles, des ceintures de soie, de petits souliers, des gants longs et des bas fins. Mais nos âmes devaient être blanches comme notre costume. Je crois n'avoir pas décrit celui de nos Mères, et pourtant je n'en ai jamais vu d'aussi beau que le leur. Elles portaient une robe violette et sur la poitrine une croix blanche. Leur voile était couleur d'ivoire. Les soirs des « grandes cérémonies », elles mettaient de longs manteaux de même teinte, semblables à des manteaux de cour et brodés sur le côté d'une croix violette.

A neuf heures, nous entrions à la Chapelle; elle semblait immense, car les bancs étaient enlevés et il ne restait plus que la stalle de Notre Mère Marie-des-Neiges, seule au milieu en face du chœur. Les plus grandes élèves se plaçaient à côté des Mères dans les stalles qui, de chaque côté, garnissaient toute la longueur de la Chapelle, et les autres allaient à la tribune.

L'orgue jouait très doucement; par la porte du chœur, quatre religieuses apparaissaient, mains jointes, encadrées chacune de deux enfants de Marie tenant des cierges et portant des robes à traîne. Toutes se prosternaient devant l'autel et, se retournant, elles s'inclinaient harmonieusement vers les stalles de droite, puis vers celles de gauche, et nous leur répondions par la même inclination. Elles traversaient en deux théories le milieu de la Chapelle, et j'admirais la noblesse de leur démarche, la grâce majestueuse que formaient les plis de leurs manteaux blancs, la dignité de leurs attitudes et de toute leur personne. Après s'être inclinées autour de notre Mère, elles chantaient matines, puis récitaient vêpres et nous les disions avec elles, un côté du chœur répondant à l'autre, nous prosternant au *Gloria Patri*.

La veille de Noël, avant la messe de minuit, alors que nous étions dans les stalles, revêtues de nos toilettes blanches, la Communauté entrait lentement. Mère Marie-des-Neiges, dans le rayonnement des flambeaux que portaient ses Sœurs, avançait la première au milieu des deux rangées, tenant entre ses bras l'enfant Jésus. Je voyais les multitudes de lumières, les croix violettes se détachant sur les manteaux clairs et la beauté sainte de Notre Mère. Elle s'agenouillait auprès de l'humble crèche et, sur la paille, déposait son léger fardeau. Les voiles blancs de chaque côté et la Communauté sur les dalles s'inclinaient adorant l'Enfant-Dieu. Nos Mères lui consacraient à nouveau leur vie tout entière en renouvelant à voix haute leurs vœux de chasteté, de pauvreté et d'obéissance. Le mot « toujours » prononcé à ce moment ne m'effrayait pas, car après qu'on nous avait montré ce qu'il y a de plus accessible et de plus aimable dans notre religion, après que nous avions pris part à une cérémonie tout intime, rien ne nous semblait austère ni rebutant ; les sacrifices et les renoncements nous paraissaient faciles et joyeux. Au milieu des chants de la messe de minuit, alors qu'après avoir communié une à une, nous revenions dans les stalles les voiles baissés, des rêves mystiques s'ébauchaient peut-être dans de jeunes esprits.

CHAPITRE X

La chambre Sainte-Thérèse. Mon transfert a la chambre Saint-Pancrace.

Le couvent abritait plusieurs dames valétudinaires plus obscures que des ombres et, pour nous, aussi impalpables qu'elles. Leurs chambres étaient situées au même étage que notre classe, mais elles s'y glissaient en silence et nous ne les entendions jamais. Elles déjeunaient dans une petite salle à manger à côté du parloir. Madame Louise-Agnès, maîtresse de la première Division, présidait leurs repas sans y prendre part, et recevait en reconnaissance leurs bulletins de santé.

Le soir, quand nous sortions du salut, j'apercevais parfois tout au fond de la Chapelle, sur quelques chaises entre deux piliers, des formes affaissées, ou bien un très vieux visage, encadré d'une mantille noire, qui dodelinait faiblement.

Mais, de temps à autre, Madame Louise-Agnès entrait en classe à une heure inusitée. Était-ce pour une remontrance ou pour un simple renseignement ? Nul n'aurait pu le dire, car nous étions habituées à voir toujours sur ses lèvres minces le même sourire un peu inquiétant. Qu'il s'agît de punir ou de complimenter, les yeux gardaient constamment leur douce expression. C'est d'une voix sucrée qu'elle intima un jour, à une élève de première Division, l'ordre de sortir de classe et de ne plus reparaître devant elle.

Dès son entrée, je me tournai du côté de Gilberte, ayant foi en sa perspicacité et, au risque de nous faire surprendre, je l'interrogeai du regard. Elle m'expédia une fois le message suivant : « Affaires de dames pensionnaires », et y ajouta force mimiques expressives. Madame Louise-Agnès s'approcha de Madame Gertrude et, de sa voix mielleuse, prononça : « Vous permettez, sœur

Gertrude ? j'ai deux mots à dire. » — « Mes enfants, commença-t-elle, Madame de Rauquefort s'est plainte de vous au déjeuner ; elle m'a dit être troublée durant sa sieste par des cris épouvantables à l'heure de la récréation ; ces cris suraigus et inconvenants interrompent fort désagréablement un assoupissement nécessaire, recommandé par son médecin. Elle est sûre d'avoir entendu des invectives, pour ne pas dire plus, tout à fait déplacées et incroyables dans la bouche de jeunes filles recevant une éducation comme la nôtre. Madame Touloys, dont la chambre se trouve au-dessous du dortoir des Saints-Anges, prétend être réveillée en sursaut plusieurs fois par nuit, en entendant des bonds et des coups sourds au-dessus d'elle. Tout cela est bien ennuyeux, surveillez-vous. »

Telles étaient les manifestations indirectes que les dames pensionnaires nous donnaient de leur existence.

Un jour, une de ces chambres que j'apercevais en passant devint libre, et, le dortoir étant encombré, Notre Mère me permit de la prendre. Elle s'appelait « la chambre Sainte-Thérèse ». Baignée de soleil, elle avait un minuscule balcon, des rideaux blancs et un papier à fleurs ; sur la commode, une petite statuette de « l'Immaculée Conception » se trouvait entre une carafe d'eau et un vase de faïence jaune.

J'aimais mon domaine, si délicieusement gai, et souffrais de ne jamais pouvoir y aller; lorsque j'en partais le matin, il faisait nuit, et je n'y retournais point de toute la journée. Mais quelquefois, au moyen d'une ruse, je parvenais à m'échapper. Le soir avant dîner, je m'approchais de la surveillante et décrochais une petite plaquette de bois suspendue par une ficelle à l'un des côtés de la chaire; sur la plaquette était gravé : « Permission, grande classe. » Je croyais bon d'avertir que je serais longtemps absente, ayant un mouchoir à chercher dans ma chambre. Si je m'adressais à la jeune novice, Sœur Pierre, surnommée *Pierrot*, elle ne formulait aucune objection. Alors, m'élançant dans « ma chambre » (habituée au dortoir, ce mot me charmait), je me précipitais au balcon. L'heure était bien choisie, car ceci se passait durant la belle saison et je surprenais de magnifiques couchers de soleil.

De mon observatoire, je plongeais dans le jardin et la cour de récréation. Bientôt j'entendais un tumulte de voix et, me penchant un peu, j'étais sûre de voir arriver la Communauté par la petite porte au fond de la cour. Elle descendait de la colline des oliviers et, pour se protéger des ardeurs du soleil, chacune de nos Mères avait posé sur son voile un grand chapeau rond, en paille brune, ce qui était d'un effet très comique. Elles se détendaient des heures de méditation en parlant toutes à la fois et, comme des enfants sages, goûtaient ce moment d'expansion. Notre Mère, toujours digne, marchait entourée de trois ou quatre religieuses parmi lesquelles il était aisé de reconnaître la petite Mère Marie-Madeleine, gesticulant et parlant haut, avec un accent méridional. Elles traversaient la cour, et Mère Jeanne-Stanislas allait prendre, dans le dos de la Vierge qui surveillait nos jeux, un grand arrosoir dissimulé au milieu des bambous. Mère Évangéline arrivait derrière elle, et sa voix devenait soudain aiguë, attendrie : « Sœur Jeanne, ayez la bonté...; le repas de mes pensionnaires se trouve là, voyez-vous ? » et un vieux panier rempli de fraîche verdure, où deux ou trois carottes jetaient une note vive, succédait à l'arrosoir. Alors Madame Évangéline passait gravement à son bras l'anse du panier et, s'adressant à Notre Mère, prononçait solennellement : « Je vais aux lapins. » Mère Marie-des-Neiges souriait ; elle sortait d'une large poche un paquet de lettres, et tous les chapeaux de paille se rapprochaient : « J'ai reçu des nouvelles d'Annette Dupuy, elle se marie. Mère Imelda est nommée supérieure à Madrid. » Des exclamations se croisaient sans cesse. Mère Jeanne allait remplir son arrosoir sous ma fenêtre, et j'entendais le bruit familier de l'eau. Dans l'allée, marchant à petits pas, le Père Jérôme lisait son bréviaire. La voix rieuse de Madame Jeanne lui fit lever la tête : « Oh ! Sœur Emmanuel, vous êtes incorrigible, vous avez encore lâché Pataud ! Et nos plates-bandes, Seigneur ! » Le grand molosse, ivre de liberté, faisait des bonds désordonnés sur la pelouse autour du palmier, et Mère Jeanne-Stanislas, devant ses fleurs, étendait les bras d'un geste effrayé. Soudain la cloche annonçant le dîner me fit sursauter, me rappelant à moi-même : « Heureusement pour moi que Pierrot garde l'étude », pensai-je.

Mais ce bon temps fut de courte durée ; je dus abandonner la chambre Sainte-Thérèse pour monter au second dans une cellule au nord. Les murs étaient d'une peinture défraîchie, et elle avait un nom affreux : Saint-Pancrace. Je me renseignai sur lui auprès de Madame Évangéline : « C'est un saint de glace », me dit-elle. « Cela lui va fort bien », répondis-je. Je n'eus plus aucune envie de m'échapper le soir, car la première fois que j'ouvris ma fenêtre, je ne vis devant mes yeux qu'un terrain vague et, sur le côté, un mur blanc. Ma chambre était en retrait, tout au bout de la maison, et l'aile que je voyais à ma droite me masquait le commencement de la colline d'oliviers.

Sur ce terrain, un vieil homme travaillait ; sa pioche s'élevait et retombait lourdement : c'était Antonio le jardinier. Mettant mes mains en porte-voix, j'essayais de communiquer avec lui : « Antonio, hé ! Antonio », mais en vain. Peut-être était-il sourd, ou peut-être le bruit de vaisselle des cuisines, au-dessous de moi, accompagné par les litanies des Sœurs l'empêchait-il d'entendre ? Au quatrième appel, il tourna vers moi un visage broussailleux et me montra son sourire fatigué. Appuyé sur sa bêche, il attendait : « J'ai perdu mon chapelet en grains d'olives, sur la colline ; il a plu, Antonio, et j'ai peur qu'il ne germe. Si vous le trouvez, je serais bien heureuse. » Il inclina la tête, et se remit à l'œuvre.

Le soir où Madame Évangéline raconta son histoire terrifiante de saint Prêtre et d'âme du Purgatoire, je dus remonter seule dans ma cellule Saint-Pancrace. Elle était située au fond du grand corridor sur lequel s'ouvraient à l'autre bout le dortoir des Saints-Anges et l'infirmerie ; mais ils étaient très loin et je ne me sentais guère rassurée. Cette chambre n'avait pas l'électricité ; je dus entrer dans le noir et chercher à tâtons, comme je faisais d'habitude, le bougeoir et les allumettes. Une forte odeur de soufre me piqua les narines ; à la lueur de la clarté funèbre, mon ombre se refléta immense sur le mur. D'un geste saccadé, je jetai tous mes vêtements pêle-mêle sur le lit ; de temps en temps je m'arrêtai, écoutant un bruit étrange que je croyais percevoir derrière ma porte.

Je l'entr'ouvris dans un état d'esprit peu agréable et regardai : le corridor était obscur, mais tout au fond brillait devant la statue de Jeanne d'Arc une petite veilleuse, et auprès, une ombre passait et repassait. « Ce n'est rien que de très naturel, pensai-je : une sœur qui fait la ronde. » Alors je m'écriai très haut : « Ma Sœur, ma Sœur, répondez-moi ! » Mais l'ombre n'entendait pas. Je criai plus fort encore, et l'ombre impassible continua sa marche silencieuse. Alors mon front se couvrit de sueur ; mais, faisant un effort, j'avançai vers la veilleuse. Lorsque je ne fus plus qu'à quelques pas, je reconnus le costume d'une Sœur, mais la tête était couverte d'un voile noir et je ne pouvais distinguer les traits du visage : « La Sœur, je vous en conjure, parlez-moi. » Rien ne me répondit ; la forme muette s'arrêta. J'entendis sonner une demie à l'horloge de l'infirmerie. Folle d'épouvante, je courus dans ma chambre et j'y passai une nuit blanche, envahie tout entière par l'horrible sentiment de la peur ; ayant l'absurde conviction que c'était vraiment une âme du purgatoire qui, dans ce corridor, venait expier ses péchés sous la forme d'une religieuse.

Le lendemain, résolue à ne plus passer une seule nuit à Saint-Pancrace, je contai ma vision à Gilberte. Elle éclata de rire : « Ah ! ma pauvre Jacqueline, me dit-elle, je vois que ces choses-là n'arrivent pas uniquement à moi. Écoutez : je faisais un séjour à l'infirmerie ; avec ses trois ou quatre lits, ses murs nus, lorsqu'on est seule, ce n'est pas très drôle. Aucune distraction ; joignez à cela les éternelles tisanes de Sœur Alphonsine et les préceptes latins sur la patience dans la maladie. Un après-midi, je m'assoupis, et lorsque je m'éveillai, il faisait nuit ; mais une lampe pigeon était posée sur la cheminée au-dessous du crucifix. Sœur Patrice couchait dans la chambre ; je l'appelai pour lui demander à boire, mais n'en reçus point de réponse : le silence régnait derrière les grands rideaux blancs. Je pensais qu'elle était à la pharmacie et j'attendis patiemment ; mais soudain je vis remuer ses rideaux. Était-ce le vent? Non, tout était fermé. Alors j'appelai à haute voix : « Sœur Patrice ! » De nouveau, aucune réponse. Enfin, après un certain temps, le rideau s'ouvrit et la sœur s'approcha de mon lit : « Pourquoi ne répondiez-vous pas ? m'écriai-je ; j'ai eu bien peur. » Elle mit un doigt sur ses lèvres, et comme je la regardais sans comprendre, elle chuchota : « Grand silence, défense absolue pour nous de parler après huit heures du soir. » Et Gilberte ajouta : « Vous aurez vu sans doute Sœur Alphonsine ; elle souffre d'insommie et se promène parfois dans les corridors en disant son chapelet. Elle aurait dû rompre la consigne et vous avertir, mais elle ne pensait pas avoir l'honneur d'être prise pour une âme du purgatoire. »

Je demandai la faveur de rentrer au dortoir, et, la nuit suivante, je dormis en paix.

CHAPITRE XI

Vacances de Noël au couvent.

Je dus rester au couvent pendant les vacances avec neuf de mes compagnes ; mais aucune n'en fut attristée, car les Mères nous promettaient une vie très agréable, et c'est sans regret que nous vîmes partir le troupeau de Mademoiselle Dare.

Dans le grand vestibule encombré de valises circulaient une multitude de robes aux couleurs vives, de souliers clairs, de bas de soie, et sous les toques de velours des boucles s'échappaient triomphantes. La Communauté indulgente assistait au départ. Mais nous avions encore notre livrée de travail; groupées dans un coin, nos mains dans les poches d'un tablier taché d'encre, notre chapelet pendu à la ceinture, nous contemplions ce débordement inusité d'élégance, de couleurs où le rouge dominait, avec le sentiment que notre tenue était en comparaison d'une tristesse monacale, mais avec fierté aussi, car nous nous sentions réellement les enfants de la maison, et nos compagnes, plus loin de nous déjà, nous semblaient avec leurs habillements mondains des oiseaux de passage.

Après la joyeuse animation et la bousculade du départ, après les adieux et les vœux échangés, le grand vestibule redevenu désert et silencieux, les neuf restantes soupirèrent involontairement. Il y avait les trois sœurs Abdullah : Liliane, Myriam et Yvonne, leur cousine Arsinée Chandangham, toutes quatre Arméniennes. Ida, chef du groupe républicain-démocrate, et en face d'elle, ce qui promettait d'orageuses discussions, Irène, présidente du parti royaliste. Ensuite Paule et Nicole, et enfin Gilberte pour notre bonheur à toutes.

Afin de dissiper l'ombre de tristesse causée par le récent départ, Notre Mère nous apprit que Madame Marguerite était nommée maîtresse des vacances. Cela voulait dire qu'elle avait toute autorité durant ce temps, s'occupait spécialement de nous et que c'était à elle qu'il fallait s'adresser pour obtenir les permissions, afin de laisser la pauvre Mère Gertrude prendre un repos mérité.

Elle nous conseilla d'aller au dortoir échanger notre uniforme contre une robe de sortie ; mais je ne suivis pas les élèves, car Nicole avait disparu, et cela m'inquiétait. Après de vaines recherches, je vis aux pieds de saint Joseph, sur une des marches couvertes d'étoffe rouge, un petit paquet noir affaissé. Comment ne l'avais-je pas vu tout d'abord ? Je m'approchai et entendis des sanglots : « Nicole, Nicole, c'est toi ? » Alors se leva vers moi une petite figure ronde et brune toute baignée de larmes. Je m'assis près d'elle sur les marches et lui demandai si c'était de rester au couvent qui la faisait pleurer. Entre les sanglots qui la secouaient encore, elle balbutia : « C'est le petit frère qui fait attendre Maman... il ne veut sûrement pas venir, il est très vilain et je le déteste. » — « Ah ! Nicole, il ne faut pas pleurer ! lui dis-je, tu t'amuseras bien ici, car nous trouverons des trésors à Saint-Pierre, j'en suis sûre. » Nicole était énergique, elle mit résolument sa petite main dans la mienne : « Allons-y maintenant », me dit-elle.

Saint-Pierre était un pauvre réduit au sous-sol ; en entrant je ne distinguai dans la demi-obscurité qu'un tas de pommes de terre et, sur une planche, des pots de confiture à côté de vieilles clefs rouillées qui n'étaient, hélas ! pas celles du Paradis. « C'est pourtant ici que les petites rangent leurs jouets. Ah oui ! voilà dans un coin une vieille balle crevée, et dans l'autre une raquette trouée. Pauvre Nicole, je t'ai fait de trop belles promesses ; mais ne me regarde pas aussi gravement ; écoute, dis-moi ce que tu désires, et je te le donnerai. » — « Des guides pour jouer au cheval avec Paule, et un bébé nègre. » — « C'est bien, tu les auras. » Je remis Nicole consolée aux mains de Sœur Marie-Laurent et demandai à Madame Marguerite l'autorisation d'écrire une liste contenant les désirs de Nicole et de la confier à Olympia lorsqu'elle irait en ville. Olympia revint le soir même avec les guides et le bébé nègre. Chaque jour, désormais, les deux petites coururent dans le jardin. Mère Marie-Magdeleine les poursuivait, levait les bras au ciel en s'écriant à tout moment : « Enfants, enfants, n'allez pas si vite ! »

Vu notre petit nombre, le grand dortoir fut abandonné pour le dortoir des Saints-Anges, lequel ne contenait que seize lits au lieu de quarante.

Mais cela n'eut lieu qu'après de nombreuses conférences entre notre Mère et Sœur Marie-Laurent. Cette dernière s'y refusait obstinément ; la seule idée d'un changement dans ses habitudes la bouleversait toute.

Nous nous levions très tard, mais nous n'y étions pas accoutumées, et le premier matin, lorsque je m'éveillai, il faisait encore nuit. La veilleuse brûlait toujours ; j'entendis une première cloche, puis une seconde et je murmurai en moi-même : « Premier coup de la messe ; second coup », étonnée de ne pas subir le battement de mains habituel. Je me rendormis et, dans une somnolence exquise, un peu plus tard, j'entr'ouvris un œil : la veilleuse s'était éteinte, une clarté se glissait entre les rideaux, sur les lits, laissant apercevoir des formes étendues, et, sur le dossier d'une chaise, des vêtements bien pliés. A travers les volets mal joints, un malin rayon dansait, faisant sur le carrelage une tache lumineuse. Des bruits confus parvenaient jusqu'à moi ; une toux bizarre à laquelle répondait un rire ; une main écartait sa portière en faisant grincer les anneaux. Nicole dans son lit chantonnait : « You, you, you ! sonnez les binious », et des voix bien éveillées la faisaient taire. Mais bientôt l'on entendait des pas menus et précipités, et « vlan, vlan », avec une belle énergie Sœur Marie-Laurent ouvrait les volets des trois fenêtres. Alors toute la vie et la lumière du jour entraient impétueusement dans le dortoir ; les vignes et les maisons blanches, la mer bleue se confondaient dans une grande clarté qui nous éblouissait soudain. Pendant que nous disions la prière, les coqs célébraient la splendeur du soleil. Il est huit heures, car voici la cloche des Frères sonnant l'office. Nous nous habillons lentement, heureuses de vivre et bâillant d'avoir trop dormi. Puis nous allions à la Chapelle pour une courte méditation, et ensuite à Sainte-Élisabeth convertie en réfectoire. Les murs peints en rose, elle avait deux fenêtres au niveau desquelles poussaient les plates-bandes de Mère Jeanne. Au milieu de la petite pièce, une table était dressée, couverte d'une nappe blanche et garnie de fleurs comme pour une fête. Madame Marguerite présidait et, tout en déjeunant, nous élaborions avec elle le programme de la journée.

Nous passions toute la matinée dans la salle de récréation. Nous avions essayé de lui donner l'air d'un salon, mais il fallait pour cela beaucoup d'ingéniosité. Nous avions transformé, je ne sais comment, un vieux sommier en un divan d'apparence confortable ; le tas de vieilles chaises avait été dissimulé sous une couverture écarlate ; çà et là se voyaient des morceaux de tapis usés et, sur une table ronde couverte d'une cretonne passée, nous faisions notre correspondance, ou bien, dans des carnets, nous copions avec émulation, plusieurs heures de suite, des maximes et de belles pensées.

Nicole et Paule avaient un coin réservé dont les limites étaient des barres de gymnastique posées sur des chaises. Dans cet enclos, elles s'amusaient silencieusement et faisaient la dînette avec des écuelles ébréchées, extorquées à Sœur Maria-Limbagna. Le moins mauvais piano avait été mis à notre disposition, et lorsque Mère Saint-Pierre nous gardait, nous risquions une valse. Myriam était notre « maître à danser », et Gilberte notre « tapeur ». Pierrot n'objectait rien à cela, car nous avions appris de source incertaine qu'elle avait beaucoup aimé la danse avant d'entrer en religion, et nous la taquinions souvent à ce sujet.

Mais les journées nous auraient semblé longues et les maximes fastidieuses, si nous n'avions pu faire chaque après-midi d'interminables promenades. Le plus souvent nous allions au bord de la mer. Nous partions avec Olympia et un sac de toile rempli de pain sec, d'oranges et de figues ;

car hélas ! nous n'avions le droit d'entrer en aucun magasin, et exception n'était point faite pour la meilleure pâtisserie de B... où meringues, japonais et tartes nous narguaient au passage. Par un accord tacite, nous avions résolu de faire un détour afin d'éviter la tentation. Une fois cependant, par l'intermédiaire de Madame Marguerite, Notre Mère se laissa attendrir et nous permit une halte chez Ricardi.

Je me rappelle ce jour où, dans la boutique blanche, nous choisissions gauchement nos gâteaux, intimidées par l'imposante Italienne qui trônait à la caisse. Mais à un moment donné elle s'absenta, et alors, sans retenue aucune, nous remplîmes nos assiettes. Nous mangions comme des gens pressés, debout sans lever le nez, et tout disparaissait avec une merveilleuse rapidité. Après s'être servie fort modérément, Irène s'était installée à une petite table près de la vitre et mangeait avec élégance en regardant les passants. Mais cela ne l'empêchait pas de nous lancer de temps à autre un coup d'œil méprisant.

Après être sorties de chez Ricardi, nous avions décidé d'aller comme d'habitude jusqu'à Saint-Ampelio. Lorsque nous arrivions à cette petite Chapelle, Irène s'asseyait généralement à l'écart sur un des rochers rouges qui l'entouraient. Elle laissait flotter au gré du vent ses beaux cheveux blonds, et, les mains croisées sur ses genoux, elle rêvait en regardant la mer. Lorsque nous étions lasses de nous poursuivre ou de causer, nous arrivions derrière elle et lui lancions des pelures d'orange en l'appelant « sœur cadette de la lune ». Mais ce jour-là, le jour exceptionnel de la halte chez Ricardi, « sœur cadette de la lune » médita à son aise devant l'immensité ; pelures d'orange et propos incongrus ne vinrent point troubler ses pensées.

Le jour finissant était doux et, assises au bord de l'eau, nous respirions la senteur marine. Une indéfinissable tristesse, un insupportable vague à l'âme planaient sur notre petit groupe. A notre droite, gâtant toute la côte, le casino — d'un goût allemand — nous semblait plus affreux que de coutume.

Au retour, mes compagnes parurent avoir retrouvé leur entrain ; mais, seule en arrière, j'étais particulièrement affectée et incapable de répondre à Gilberte qui me faisait signe de venir la rejoindre. En même temps qu'un malaise persistant, mille idées lugubres m'assaillirent et je jurai d'avoir avec les meringues une brouille éternelle.

Au même instant, je fus rejointe par Irène qui s'était enfin décidée à quitter son rocher. Elle s'approcha de moi, me prit la main et, levant au ciel ses yeux expressifs, elle me dit d'une voix profonde : « Je vous comprends, ma pauvre Jacqueline, ayez confiance, dites-moi vos peines ; je les devine et les éprouve souvent. » — « Pas aujourd'hui, en tous les cas », m'écriai-je, me rappelant sa modération. — « Qu'en savez-vous ? » — « Non, non, c'est impossible, et puis voyez-vous, ajoutai-je, je n'oserai jamais vous confier les miennes, elles sont indignes de votre attention. » Comme elle s'éloignait d'un air majestueux, j'eus peur de l'avoir froissée, et, la rappelant, je la remerciai et lui promis mes confidences à la prochaine occasion.

A la fin des vacances, la fâcheuse envie nous vint de faire une bêtise quelconque : par exemple, de désobéir au règlement en quelque matière grave, car il fallait que cela fût périlleux et intéressant. Gilberte trouva la chose : « Sœur Marie-Laurent, dit-elle, nous défend de parler et de bouger au dortoir, même pendant les vacances ; eh bien ! ceci est inadmissible. Voici ce que je propose : Liliane a reçu un sac de chocolats, nous allons le monter ce soir même au dortoir, et quand la petite Sœur sera couchée, nous nous réunirons dans la ruelle de Myriam et nous les mangerons tous. Je me gratterai la gorge trois fois, ce sera le signal. » Cela fut accepté, sauf d'Irène qui déclara ne pouvoir entrer dans une aussi infâme combinaison. Le soir, Liliane enveloppa son sac dans un chandail et alla dire sa prière avec nous devant la Crèche. Aucun remords ne nous venait.

Quand tout fut éteint, Gilberte donna le signal comme il avait été convenu. Alors se glissant hors des lits, en chemise de nuit et nu-pieds, l'on se mit à courir à quatre pattes en s'arrêtant de temps à autre pour voir si rien ne remuait du côté de la Sœur. Mais lorsqu'on se retrouva dans la ruelle de Myriam, un tel fou rire nous saisit, que, par crainte d'être étouffées, il fallut abandonner les chocolats et regagner nos lits. Pour comble de malheur, une voix furieuse s'éleva : « Quel singulier bruit j'entends ! qui saute dans son lit comme ça ? »

Et le lendemain, Sœur Marie-Laurent nous dit : « Si, ce soir, le dortoir n'est pas plus calme, je mettrai les lits de celles qui font du bruit en travers au milieu de la pièce et je leur enlèverai leurs rideaux. »

Ce fut sans plaisir que nous vîmes revenir nos compagnes, car ce retour rompait une délicieuse intimité. Elles nous paraissaient changées ; elles rapportaient dans leur tenue et dans leurs propos quelque chose du monde, de ses pompes et de ses œuvres. Il nous sembla qu'elles avaient de la peine à remettre leurs uniformes ; elles gardaient des souliers qui auraient dû rejoindre les robes de sortie, et nous surprenions des boîtes à poudre vite dissimulées. Nous les sentions étrangères à nous, et il fallut quelques jours pour qu'une certaine solennité de rapports se dissipât et que nous pussions reprendre avec elles la camaraderie passée.

CHAPITRE XII

Derniers jours. — Les adieux.

Le 29 juin, fête des saints Apôtres Pierre et Paul, les enfants de Marie s'habillaient en religieuses. Nos Mères leur prêtaient un de leurs costumes, et rien n'y manquait, pas même la cordelière violette.

Ce jour-là, au réfectoire, elles mangeaient à une table aussi ronde que celle des chevaliers du moyen âge, avaient accès à la salle de la Communauté, et l'après-midi elles faisaient faire successivement à plusieurs élèves des tours de jardin moralisateurs. Conscientes de leur importance, elles avaient généralement une grande circonspection de gestes et portaient le costume de façon digne et compassée. Mais, dans le courant de la journée, vous ne deviez pas être surprises de voir parfois, au haut d'un escalier ou à l'extrémité d'un couloir peu fréquenté, deux ou trois silhouettes de religieuses gambader, sauter à clochepied et s'interpeller d'une manière que n'aurait certes pas adoptée Madame Évangéline ou Madame Anne-du-Rosaire.

Le soir, la « pseudo-Communauté » ne pouvait prétendre avoir aucune part dans la comédie ou dans les ombres chinoises. Elle s'asseyait solennellement dans les rangs des spectateurs et se mêlait à la vraie Communauté.

Durant l'une de ces représentations, je m'étais assise un instant au hasard. Je remarquai bientôt, juste devant moi, le dos d'une religieuse gesticulant de la plus étrange façon. Son voile allait gaiement, sans mesure, de droite et de gauche.

« Oh ! oh ! — pensai-je — ceci est certainement Mère Ginette ou Mère Jeannette ; attendez, ma Révérende ! » Et saisissant le voile de la fausse religieuse, je le tirai violemment ; mais, horreur ! je vis aussitôt se tourner vers moi la figure congestionnée de Mère Marie-Madeleine. Ses yeux n'exprimaient aucune colère, mais de l'effarement et une incompréhension totale : « Ah! ma Mère, pardon! je... j'ai confondu, c'est tellement mêlé », bégayai-je. Elle comprit ces inintelligibles excuses et me pardonna. « Si ç'avait été Madame Évangéline, vous auriez entendu quelque chose », me dit Gilberte.

Mais les grandes vacances approchaient; quelques jours avant les examens, je dus me mettre au lit en proie à une violente fièvre : j'avais, paraît-il, le typhus. De l'infirmerie les bruits de la maison me parvenaient faiblement, mais j'entendais la cloche et les murmures de voix disant la prière dans la classe au-dessous. Un beau jour, je vis un groupe d'élèves à ma porte; elles étaient en robe de sortie et venaient me dire adieu. « C'est aujourd'hui le départ », pensai-je. Alors, fermant les yeux, je vis Mademoiselle Dare, les valises, comme à Noël une grande animation; mais cette fois-ci personne d'autre que moi ne restait.

A la porte du couvent attendait un char découvert; il avait des rideaux de toile, à rayures rouges et blanches. Toutes mes compagnes y montaient d'assaut. Soulevant autour de lui des flots de poussière, il s'ébranlait au bruit joyeux de ses grelots, emportant avec lui trois années de vie en commun.

Deux mois après je pus me lever et, lorsque je me sentis moins faible, je me mis à errer dans les corridors silencieux. Un jour, j'allai jusqu'au dortoir des Saints-Anges. Les lits dépouillés de leurs rideaux semblaient pitoyables avec leurs tristes bras de fer. Un jour blafard éclairait cet abandon, et, assise près d'une des fenêtres, Sœur Marie-Laurent reprisait dans le monceau d'étoffe blanche qui l'environnait.

« Petite Sœur, puis-je m'asseoir près de vous et causer un peu, pour la dernière fois peut-être, car je m'en vais demain et ne reviendrai sans doute plus jamais ! » Puis, saisie par une sorte de pressentiment, j'ajoutai : « Dans peu de temps, le couvent n'existera plus. Bâti pour être un hôtel, il retournera à sa destinée première. Il y aura dans le réfectoire d'innombrables petites tables où des dames en décolleté et des messieurs en habit viendront échanger de frivoles propos. A la place de Sœur Maria-Limbagna et de Sœur Maria-Servanda, des maîtres d'hôtel en livrée circuleront. Plus de fantômes se glissant le long des murs avec un bruit de chapelets; plus de mantilles; ombres de dames pensionnaires, adieu! La cloche au son évocateur et chantant, sa sœur la timide clochette, seront remplacées par de stridentes sonneries auxquelles répondront des soubrettes affairées et bruyantes.

« La chapelle sera désaffectée, détruite. Et votre royaume, Sœur Marie-Laurent! votre cher royaume si net avec ses petites cases et son carrelage brillant! Le soir, la lueur de la discrète petite veilleuse qui calme et fait rêver, l'ange bleu, cette blancheur : tout disparaîtra. Nous ne pourrons plus dire le refrain que chantaient nos Mères sur l'air de *Frère Jacques*, alors que Sœur Patrice gardait le dortoir :

> Sœur Patrice, sœur Patrice,
> Dormez-vous, dormez-vous?
> Est-c' que j' peux sortir... e
> Est-c' que j' peux sortir... e
> S'il vous plaît, s'il vous plaît?

« A cette époque-là aussi, Notre Mère venait souvent au dortoir; mais elle restait très peu de temps; alors, pour la retenir, mes tantes avaient recours à un moyen fort ingénieux : Jeanne se dressait sur son lit, et lorsqu'elle voyait notre Mère s'en aller, elle s'écriait d'une voix lamentable : « Ah! ma Mère, je ne crois plus en la Sainte Trinité. » — « Comment, mon enfant! » La pauvre Mère affolée se précipitait auprès du lit de l'hérétique, et une longue conversation s'en suivait. C'était tout ce que désirait Jeanne. Aussi Marthe ne tardait-elle pas à s'écrier : « Moi aussi, j'ai besoin d'être convaincue, car je ne crois plus en la divinité de Jésus-Christ », et Madeleine d'ajouter : « Quant à moi, j'ai des doutes affreux sur la « présence réelle ».

« Le dortoir de Sœur Marie-Laurent sera peut-être un salon où l'on dansera, où des journaux de modes traîneront sur les tables et où, dans des « rocking-chairs », des messieurs fumeront. Peut-être aussi se transformera-t-il en un établissement d'hydrothérapie avec tous les perfectionnements modernes, douches... »

Mais la petite sœur ne me laissa pas continuer : « Avez-vous bientôt fini? vous avez de nouveau la fièvre! » Je vis qu'elle s'était piqué le doigt en cousant. « Non, ma sœur, je n'ai pas la fièvre. Tout ceci arrivera, hélas! et pour nous, rien que pour nous, naturellement, cela nous semblera une profanation. Aussi je préfère ne jamais revenir. Mais quand je serai très vieille, peut-être finirai-je mes jours dans un béguinage... » —

« C'est cela ! vous voulez donner au bon Dieu les restes de votre vie, une vieille coquille desséchée ? Il y a trente-cinq ans que je suis entrée en religion. » Elle s'agenouilla près du tas de rideaux, le ramassa, puis, ployant sous son fardeau, s'éloigna dans le corridor. Je l'entendis répéter : « Trente-cinq ans, trente-cinq ans... »

Le lendemain je descendis au réfectoire. Tout au fond il y avait plusieurs fenêtres, et chacune donnait sur un côté différent. Je vis au delà d'une minuscule porte la radieuse allée d'orangers ; à droite le treillage, la volaille de Sœur Lidia, et à gauche d'autres allées encore, si petites qu'elles auraient pu être tracées par une main d'enfant : et plus loin, la cabane peinte en bleu où Antonio rangeait ses outils. Je me rappelais les promenades avec Notre Mère dans ce jardin si gai.

J'avais été nommée Enfant de Marie juste avant de tomber malade, et je me mis à contempler avec mélancolie mon ruban bleu. Je n'aurais jamais aucun des avantages attachés à ce titre : garder les lavabos avant les repas était le privilège exclusif des Enfants de Marie, et me semblait un grand honneur.

L'élève désignée s'installait à la porte et disait dévotement son chapelet, les yeux baissés ; les grains filaient avec rapidité entre ses doigts ; mais cela ne l'empêchait guère de jeter des coups d'œil obliques et d'interrompre fréquemment ses oraisons par des réflexions toutes profanes : « Je vous salue, Marie... mais enfin, Ginette, n'essayez pas de passer avant votre tour... le Seigneur est avec vous... cet essuie-mains est dégoûtant ! il y a bien un mois que je le vois pendu là !... vous êtes bénie entre toutes les femmes... si vous ne vous dépêchez pas davantage, Madame Anne va monter avec la sonnette. » Mais à quoi bon me rappeler tout cela ? j'allais en être privée !

Le matin même, je m'étais étendue sur une chaise-longue dans le jardin et les Mères étaient venues me dire adieu. J'avais pleuré comme un bébé en disant adieu à Madame Gertrude qui m'avait soignée avec dévouement et que j'avais appris à aimer. Mon désespoir s'accrut lorsque vint le tour de Madame Marguerite. Elle me donna une liste de livres « intéressants et instructifs » ; je n'en ai jamais lu aucun, mais j'ai toujours gardé cette liste pieusement. Madame Évangéline me donna des livres religieux et le conseil de les laisser traîner sur les tables, comme par mégarde, pour l'édification et la conversion des personnes dont la piété laisserait à désirer. Notre

Mère me dit de toujours conserver ma foi comme le plus grand trésor qu'il y ait en ce monde.

Et maintenant, c'était fini ! j'allais partir et les Mères n'assisteraient pas à mon départ. Je ne les verrais plus, je l'avais voulu moi-même.

Je regardai encore la colline d'oliviers et, pensant aux leçons d'histoire, aux causeries familières, je sentais qu'en quittant ce lieu où j'avais vécu un égoïste bonheur, quelque chose allait disparaître en moi.

J'allai encore à la Chapelle prendre mes livres, et pour la dernière fois je m'enveloppai dans mon voile blanc. Je le baissai sur ma figure et essayai de m'imaginer que mes compagnes étaient devant moi. Mais les bancs étaient vides et dans les stalles nulle religieuse ne priait.

Je me rappelai la classe où j'étais entrée pour ranger mon pupitre. De ce fouillis quelque chose était tombé par terre : une moitié de moustache ! Je l'avais mise dans ma poche précipitamment comme la première fois.

A peine la voiture eut-elle franchi la grille, que j'entendis des cris perçants : « Arrêtez, arrêtez ! » Peu après apparut à la portière le visage de Sœur Marie-Laurent. Elle était essoufflée et tenait à la main un énorme panier : « Des oranges pour votre voyage, mon petit poulet », me dit-elle, et vite elle s'en retourna.

Mais quelques instants après, je me penchai un peu, juste à temps pour voir disparaître, à travers le brouillard de mes larmes, une petite silhouette noire et blanche.

TABLE DES CHAPITRES

93568. — Imp. Lahure, 9, rue de Fleurus, Paris. — 1926.

www.ingramcontent.com/pod-product-compliance
Ingram Content Group UK Ltd.
Pitfield, Milton Keynes, MK11 3LW, UK
UKHW020924180726
13838UKWH00002B/740

9 782329 295213